Ursula Wegener
Früchte – Formen – Farben
Floristik mit Früchten

Ursula Wegener

Früchte – Formen – Farben

Floristik mit Früchten

78 Farbfotos

Ulmer

Inhalt

Einleitung

»Auf dem gastlichen Tische
zu schaun, ein Wunder war es,
reizendes Fruchtgemische
dieses und vorigen Jahres;
die Äpfel, frisch geblieben
den Winter durch im Keller;
die Kirschen, früh getrieben
vom Mai, nie trieb er es schneller.«
Friedrich Rückert

Vielleicht kommen die Äpfel, die es bei uns im Winter gibt, nicht mehr aus dem Keller, sondern aus Argentinien und die Kirschen aus Neuseeland. Dasselbe gilt für Nüsse, Zitronen, Weintrauben, Mangos, Erdbeeren und Melonen – lauter Früchte, die, als Stillleben zusammengestellt, ein Bild voller Schönheit von Formen und Farben im Überfluss ergeben. Früchte reizen durch das Riechen, Schmecken, Ansehen und Anfassen. Ihr malerischer Wert erklärt sich durch samtene, wächserne, stachelige, glänzende und viele andere Oberflächen, ihre formale Ausprägung begeistert durch variationsreiche Vielgestaltigkeit. Unsere Augen und Sinne sind den Früchten zugetan, Zustimmung ist ihnen gewiss, obwohl es hier nicht um ihre kulinarische Verwertbarkeit geht. Sie gehören weltweit zu den wichtigsten Nahrungsmitteln, eingeschlossen auch ein Teil der Feldfrüchte, welche keine Früchte im botanischen Verständnis sind wie z. B. Kartoffeln, Zwiebeln und Rüben.

Früchte regen die Phantasie an und wecken die Lust zu schauen, das Verlangen sie zu berühren, insbesondere dann, wenn viele verschiedene Arten von Früchten auf einmal zu sehen und unbekannte darunter zu finden sind. Der taktile Reiz ist beinahe unwiderstehlich und in einem unbeobachteten Augenblick greifen wir rasch nach der einen oder anderen unbekannten Schönen, sei es auf einem Markt, bei einem reichhaltigen Früchtekorb oder einer Samensammlung.

Noch spät im Herbst sind kleine malerische Ernteensembles möglich. Die letzten Stechapfelblüten (*Datura*) besitzen eine eigenwillige Präsenz zwischen Kürbis, Zitrone, Birne, Mais, diversen Kräutern und dem Balsamstrauch (*Cedronella*), der das Aroma liefert.

Samentragende Pflanzen können auffallend oder eher unscheinbar im fruchtenden Zustand sein. Häufig sind die Blüten ansehnlich, die Früchte hingegen weniger wirkungsvoll. Es kann auch umgekehrt die Blüte ziemlich bescheiden und die Frucht attraktiv sein oder Pflanzen zeigen beides. Bei manchen Arten ziehen Blüten und Früchte gleichermaßen die Aufmerksamkeit auf sich. Einige Rosenspezies zeigen eine große Schönheit der Blüten und bemerkenswerten Fruchtschmuck. Auch Zieräpfel sind zur Blütezeit im Frühjahr und im Herbst zur Fruchtreife sehr hübsch. Hierzu kann ebenfalls der Holunder gezählt werden, ferner *Chaenomeles*, Obstgehölze wie Kirschen, Pflaumen, Birnen und die *Allium*-Arten.

Es gibt Pflanzen, bei denen die Entscheidung schwer fällt, ob man auf die Früchte zugunsten des Blumenschmuckes verzichten soll. Die Mondviolen (*Lunaria*) mit hübschen violetten Blüten geben Frühsommersträußen etwas unbekümmert Ländliches. Aber die Beliebtheit und Attraktivität der Silberlinge favorisiert eher das Verblühen lassen, zumal ihre Blütezeit nicht besonders lange währt. Die meisten Einjährigen, Zweijährigen und Stauden lassen hingegen die Wahl nicht schwer werden: man kann sich auf den Flor festlegen. Und überrascht stellt man am Ende der Saison fest, dass es dennoch hübsche Fruchtstände gibt, wenn nicht vorher schon alle Blüten abgeschnitten wurden.

Der Formenreichtum bei Früchten, Fruchtständen und Samen ist ähnlich umfangreich wie bei den Blüten. Viele sind klein bis winzig und sie sind dennoch Wunderwerke an plastischer Gestaltung oder sie wirken wie filigrane Goldschmiedearbeit. Wenn Orchideensamen neben der Seychellennuss liegen, lässt sich die große Mannigfaltigkeit ermessen, die durch Ausprägung der Pflanze, ihre Wachstumsbedingungen, Verbreitungswege und Vermehrungsmöglichkeiten entstanden sind.

Früchte sind nicht nur als einzelne von der Pflanze entfernte Formen zu betrachten. Es ist interessant und anregend, sie sich an der Pflanze wachsend vorzustellen und die Mechanismen der Verbreitung zu kennen. Dadurch eröffnen sich verschiedene Perspektiven Früchte zu bewerten und in Werkstücke einzubeziehen.

Floristischen Arbeiten mit Früchten liegen dieselben Gestaltungskriterien zugrunde wie denjenigen mit Blüten und anderen Pflanzenteilen. Charakter, Bewegung, Texturen sind genauso wichtige Faktoren, die beim Gestalten berücksichtigt werden müssen. Früchte besitzen häufig eine ausgeprägte Plastizität. Bei vielen Arten ist deren Haltbarkeit hervorragend und sie sind dadurch geradezu prädestiniert für einen langwährenden Schmuck. Zudem sind viele auch noch ansehnlich während des Eintrocknungsprozesses, der gelegentlich sogar recht malerische Stadien aufweist.

Früchte lassen sich legen, mit ihren Stielen, Zweigen und Ästen stecken, binden, nageln, bündeln. Teilweise können sie geklebt, aufgefädelt und auf Ringe gezogen werden. Durch den Ausdruck der verschiedenen Entwicklungs- und Reifestadien, die unterschiedlichen Arbeitstechniken, ihre Ausdruckskraft bei Kombinationen mit anderen pflanzlichen Teilen bereiten Früchte vielfältigste Gestaltungsmöglichkeiten. Früchte im weitestgehenden Verständnis haben als Werkstoff nicht allein eine Funktion als Farbgeber, als Füllmaterial in werkstoffärmerer Zeit oder als saisonales Zubehör. Sie sind ästhetisch in der Form, komplex in ihrer Funktion, bemerkenswert in ihrer Ausprägung und facettenreich in ihren unterschiedlichsten Erscheinungen.

Herbst und Ernte

Herbst und Ernte

Innerhalb der Vollendung des Vegetationszyklusses nehmen Herbst, Reife und in deren Folge die Ernte eine besondere Stellung ein.

Herbst

Farben und Formen vermischen sich zu einem herbstlichen Bild: Glanzmispel, Paprika, Ahorn, Alant, Weißdorn, Goldrute, Herbstastern, Artemisia u.a.

Herbstszenen beeindrucken vorrangig durch Farbigkeit, aber auch ihre Vielgestaltigkeit kann erstaunlich sein. Die überbordende Mannigfaltigkeit an pflanzlichen Gestalten reduziert sich durch den jahreszeitlich bedingten Entwicklungsprozess nach und nach, bis nur noch Reste, Fragmente und Strukturen übrigbleiben, die die Bilder der Saison abschließen. Facettenreich sind die Übergänge vom einen zum anderen Stadium. Es gibt selten plötzliche Abbrüche, eher ist es ein kontinuierliches Verändern. Der bunte, luftige Sommer verabschiedet sich mit so altmodisch charakterstarken Blumen wie Dahlien und dem Farbgefunkel von Asternarten und -sorten. Längst haben sich Früchte zu den späten Blumen gesellt und beides zusammen ergibt jene, den anderen Jahreszeiten vorenthaltenen Stücke, die das vermeintlich Romantische mit einem Hauch Wehmut verbinden.

Das ist in die Natur hineininterpretiert. Ganz nüchtern gesehen ist der Wandel der Jahreszeiten eine natürliche Abfolge. Die Natur vermag nicht die Stimmung zu empfinden, die sie in uns verursacht; allein dem Betrachter gelingt es ihre Atmosphäre zu deuten. Das Gespür für eigenartige pflanzliche Wirkungen zu entwickeln, um es in den Arbeiten, die dem Herbst gewidmet sind, mitschwingen zu lassen, steigert das vorhandene Ausdruckspotenzial.

Viele floristische Werkstoffe gibt es eben nur jetzt im Herbst. Das jahresdurchgängige Standardangebot darf außer Acht gelassen werden – wenn dies möglich ist – um Abwechslung und immer wieder andere Höhepunkte durch pflanzliche Erscheinungen zu schaffen. Herbststücke sind generös, wenig haushälterisch, stellen Gestalten zueinander, die sich ohne Einbuße in der Wirkung dem Gesamten einordnen, um gleichzeitig durch ihr bloßes Vorhandensein das Zusammenpassen zu fördern.

Schalen, Körbe, Vasen sind zu füllen, impulsiv und doch auf Bewegungen achtend, die sich überschneiden und ineinander verdichten können. Ob ein eher natürlicher Aspekt oder ein ausgesprochen dekorativer, künstlicher Gesichtspunkt vorherrscht, der spür- oder denkbare Pflanzenausdruck wird wiedergegeben, interpretiert oder verändert, letzteres jedoch nur so, dass noch etwas Originäres zu erkennen ist.

Kränze haben jetzt einen Höhepunkt, die Werkstoffe sind ebenso reichhaltig wie vielförmig, eignen sich fürs Binden, Winden und Stecken gleichermaßen. Es gibt Gehölze mit und ohne Früchte, Ranken, harte Gräser und vieles andere, das hervorragend verwendet werden kann.

Sträuße und Gebinde haben Sammelcharakter, sind opulent und variationsreich. Je mehr der Herbst zum Spätherbst wird, desto klarer treten die Strukturen der einzelnen Pflanzen sowie der Vegetation zutage. Es zeigen sich Figuren, Gerüste, Konglomerate aus Ästen, Stielen, Ranken, Gräsern, Gittern, Zäunen und Volumen, die im Sommer verdeckt waren. Die Farben sind nun nicht mehr vorrangig präsent. Verhaltenere Töne stehen im Vordergrund, gelegentlich werden sie durch einige wenige übrig gebliebene schwarze, blaue, gelbe oder rote Früchte aufgefrischt.

Betonschale mit eingearbeitetem Gras, gefüllt mit Apfelzweigen, Äpfeln, Rosen und Weißdorn

Ernte und Erntedank

Erntedank hat sicher nicht mehr die intensive Bedeutung von einst. Die Felder sind abgeerntet, das schon, aber im Übrigen gibt es fast alles jederzeit zu kaufen und zwangsläufig verliert sich dadurch das Verhältnis zu Erntefesten und -bräuchen. Anders als früher ist man längst der Sorge enthoben den Winter mit Hilfe der Erntevorräte zu überstehen. Ein Hinweis darauf mögen noch die Kirchenaltäre zum Erntedankfest sein. Viele Formen jedoch erscheinen heute anachronistisch. Natürlich ist es schade, wenn solches Brauchtum in Vergessenheit gerät und nicht mehr gepflegt werden kann, weil sich die Lebensformen geändert haben. Es gibt aber die Möglichkeit der freien Interpretation und manches lässt sich vielleicht dadurch, wenn auch nur in seiner äußeren Form, neu beleben.

»Auf dem letzten Erntewagen wird ein grüner Baum oder Zweig, der mit Ähren und bunten Bändern behangen ist, mitgeführt. Er wird auf dem Dach oder dem Schornstein des Herrenhauses oder der Kornscheuer auf ein Jahr befestigt.« (Mannhardt, S. 190).

Es gab aus Ähren geflochtene Kornbäume, die ebenfalls mit der letzten Fuhre eingebracht wurden. Andernorts geschah das in Form einer bebänderten und bekränzten Fichte mit dem ersten Erntewagen. Der Baum wurde herabgeworfen und jeder versuchte ein Band oder einen Kranz zu erlangen.

Eine andere Sitte war auf dem letzten Acker eine Gruppe Ähren stehen zu lassen, in die eine kleine geschmückte Birke gesteckt wurde. Die Halme wurden an ihr befestigt und zudem wurde sie bekränzt.

Bäume waren mit Kränzen, farbigen Bändern und auch Taschentüchern geschmückt. Diese Sitte war im Norden wie im Süden verbreitet. Man pflegte sie in Frankreich (dort gab es auch Ährenkreuze), in Schweden und im Osten Europas. Besonders sorgfältig fertigten Griechen den Ährenschmuck: Es wurden verschiedene Geflechte aus den letzten Ähren des Feldes gefertigt, z. B. kleine geflochtene Matten, kamm- und kreuzartige Gebilde sowie Rad- und Kranzformen.

Der »Erntemai« wurde auf verschiedenartigste Weise bestückt. Jeder Mäher band einen kleinen Kranz oder wählte eine Handvoll Halme und befestigte sie an dem Baum, es konnte auch eine ganze Garbe angebunden werden. Der Baum blieb auf dem Feld stehen, bis die letzten Garben aufgeladen waren. Anschließend wurde er auf dem Wagen mitgeführt. Es konnte auch eine Harke mit Blumen, Halmen und grünen Zweigen geschmückt sein. Sie trat an die Stelle des Bäumchens.

»Erntemai«. Die freie Interpretation ist inspiriert durch traditionelle Formen der Erntebräuche. Kartoffel- und Grünkranz bilden eine formale Strenge, die sich mit den Zweigen und daran aufgehängten Früchten fröhlich auflöst.

Der Erntekranz oder auch die Erntekrone wurde aus allen Getreidearten, Blumen und wildem Hopfen gebunden am Scheunentor befestigt oder der Herrschaft feierlich überreicht.

Es gab auch den »Strauß«, eine Tanne oder einen dicken Ast von Eiche, Buche oder Birke, der in die letzte mit Blumen geschmückte Garbe gesteckt wurde.

In einigen Gegenden band man einen Strauß aus Zweigen, Ähren und Blumen und schmückte ihn mit Kuchen, Würsten und bunten Bändern; oft war noch das Bild eines Hahnes oder eines anderen Vogels zugefügt. Weitere Kombinationen sind rote Bänder, Blumen, Äpfel, Birnen, Würste und ein Adler aus rotem Papier.

Im Elsass wurde das »bouquet de la moisson« (Erntestrauß) mit Esswaren bestückt. In der Bretagne wurde ein Ast, der sich in drei Zweige teilt, mit den schönsten Äpfeln behangen und mit künstlichen Blumen geschmückt. In England ist der »Erntemai«, der »maypole«, ebenfalls mit Ähren, Blumen und Bändern geschmückt worden.

Der Schmuck des Erntebaumes, -kranzes oder -straußes konnte auch aus Nüssen, den Sinnbildern der Fruchtbarkeit und der Zeugung, sowie aus Früchten und Nahrungsmitteln bestehen. Diese Zusammensetzung war wohl unterschiedlich; Getreidearten waren jedoch nahezu immer vorhanden.

Frucht- und Erntemotive lassen sich auf heutige Werkstücke übertragen ohne Vorbilder nachzuahmen. Vergangene Traditionen werkgetreu erstehen zu lassen ist durchaus problematisch, denn aus sehr alter Zeit gibt es kaum authentische Abbildungen.

Buschen, Büschel, Sträuße, Kränze und Girlanden stellen gute Grundmuster für Erntestücke dar, die nicht zwangsläufig professionell gefertigt sein müssen. Der bewusst herbeigeführte Effekt kann dabei eher hinderlich sein. Es handelt sich letztendlich um Formen mythischen Ursprungs, die nicht zu dekorativen Zwecken gefertigt wurden.

In all diesen Gebilden und Bräuchen kam die Freude über die glückliche Ernte zum Ausdruck, verbunden mit der Hoffnung im nächsten Jahr eine ebenso gute oder gar bessere einzufahren. Eine Beschwörung der Kräfte, die in der letzten Garbe gesammelt schienen, verband sich mit dem Dank für einen reichen Ertrag. Die unterschiedlichen Gebinde beinhalteten eine unheilabwehrende und glückbringende Kraft.

Erntestrauß. Getreide, Flughafer, verschiedene Fruchtstände, Kräuter und einzelne Blumen versinnbildlichen die Ernte der Felder. Die Werkstoffe sind so gewählt, dass sie schon trocken oder langsam eintrocknend den Winter überdauern.

Der Werkstoff

Der Werkstoff

Botanische Einordnung

Die Wahl des Werkstoffes wird durch viele Faktoren bestimmt, sei es durch die Verfügbarkeit, die Eignung für eine bestimmte Absicht oder seine Aufgabe. Unbestritten ist die optische Anziehungskraft: Insbesondere die Farbigkeit lässt uns nach Fruchtständen greifen. Wer freut sich nicht, wenn das erste Kirschrot im Juni auftaucht, das glänzende Schwarzviolett der Brombeeren oder das kräftige Lederrot der Granatäpfel? Die ersten Früchte einer Art sind auch meist diejenigen, denen die größte Aufmerksamkeit geschenkt wird. Unter vielem, was als Obst und Gemüse verwendet wird, sind ganz farbkräftige Schönheiten, die leicht in einem floristischen Wettbewerb antreten könnten.

Manchmal zieht auch eine skurrile Fruchtgestalt die Blicke auf sich. Man fragt sich dabei, wie die dazugehörende Pflanze wohl aussehen und woher sie kommen mag. Oft begnügt man sich Früchte in ein Werk einzuordnen; sie können aber auch durch ihre auffallenden Merkmale das Motiv bestimmen.

Die großen Früchte der Seychellennuss (*Lodoicea maldivica*) sind eindrucksvolle Naturskulpturen.

Es ist nicht unbedingt erforderlich die Früchte botanisch zu definieren. Die Zuordnung ist aber doch recht interessant und aufschlussreich, zudem können daraus gestalterische Hinweise abgeleitet werden.

Botanische Begriffe erleichtern das Verständnis für die Prozesse des Verbreitens und Vermehrens. Man ärgert sich nicht über aufplatzende Kapseln, plötzlich verschwundene Samen und zerbrechende Schoten, sondern ist eher erstaunt wie raffiniert die Pflanzen ihre Fortpflanzung inszenieren und dankbar für versteckte Gestaltungshinweise. Oder ist die Vorstellung nicht anregend Saftfrüchte auch

erfrischend, prall und glänzend darzustellen? Dass es echte Früchte gibt und solche, die nur so tun und deshalb Scheinfrüchte heißen?

Wie eine Frucht entsteht

Nach der Blütenbefruchtung entwickeln sich in den Fruchtblättern der Samenanlage ein oder mehrere Samen. Aus dem Fruchtknoten wird die Frucht, welche den oder die Samen umschließt. Früchte werden nur von den Bedecktsamern ausgebildet. Die Samenanlagen sind immer von einem Gehäuse umschlossen, welches von den Fruchtknoten gebildet ist.

Mit der Entwicklung der Samen bilden sich auch die Früchte. Sie entstehen aus dem Fruchtknoten und weiteren Blütenteilen, die sich nun im Zustand der Samenreife befinden. Sie umschließen und schützen die Samen bis zur Reife und bewirken auch ihre Verbreitung. Sie entlassen die Samen oder fallen mit diesen ab. Die Samenanlage wird im Zustand der Reifung und Trennung von der Mutterpflanze als Same bezeichnet. Er ist normalerweise von der Samenschale umgeben und enthält den vorübergehend ruhenden Embryo und das Nährgewebe. Der Same ist das grundlegende Ausbreitungsorgan der Samenpflanzen. Oft ist er mit anderen

Gefäß aus Flügelfliegern: Ahornfrüchte sind mit Wiesenraute (*Thalictrum*), Irisfruchtständen (*Iris foetidissima*) und Gräsern kombiniert.

Teilen der Mutterpflanze verbunden. Dadurch entstehen zusammengesetzte Einheiten der Ausbreitung, d.h. Früchte. Bei echten Früchten verändert sich die Fruchtknotenwand zur Fruchtwand und entwickelt sich differenziert. Tragen außer dem Fruchtknoten noch weitere Bestandteile der ehemaligen Blüte zu der Fruchtbildung bei, handelt es sich um Scheinfrüchte.

Bei Kernfrüchten (Apfel) beispielsweise wird das Fruchtfleisch von der Blütenachse, das Kerngehäuse von den Fruchtblättern gebildet. Bei der Hagebutte ist die Blütenachse krugförmig ausgehöhlt. Bei der Ananas ist der ganze Blütenstand an der Fruchtbildung beteiligt.

Als Folge bilden sich verschiedenartigste Fruchtformen, die zudem aufgrund der Ausbreitungswege spezifische Ausprägung zeigen. Die Fruchtwand kann aus lebenden oder abgestorbenen Zellen bestehen (Trocken- oder Saftfrüchte).

Die Frucht, ein schönes und willkommenes Endprodukt pflanzlicher Wachstumsprozesse, hat ihre jeweils eigene kleine Entwicklungsgeschichte, welche zu betrachten reizvoll ist. Gleich schon zu Beginn des Prozesses ist Charakter und Form der Frucht determiniert. Allein schon die Art und Weise wie der Pollen befördert wird, ist aufschlussreich in Bezug auf die Blüten- und später auf die Fruchtform. Es ist nicht unerheblich, ob er von Wild- oder Honigbienen transportiert wird, durch Hummeln, Schmetterlinge, Kolibris, Fledermäuse, Nachtfalter, Käfer, Wind oder ob die Befruchtung durch Selbstbestäubung geschieht. Die Heimat der Pflanzen spielt eine Rolle, ihre Blütenform, die Tages-, Nacht- oder Jahreszeit der Floreszenz. Die befruchtete Narbe, die von den Fruchtblättern umschlossene Samenanlage, verändert ihre Gestalt und wird eine »Blüte im Zustand der Reife«. Alle Blütenpflanzen, die einen Fruchtknoten besitzen (ihm gilt das Interesse), bilden Früchte aus.

Johannisbeeren (*Ribes rubrum*)

Nacktsamer

Eine andere Pflanzengruppe, die Nacktsamer (*Gymnospermae*), besitzen keine Fruchtknoten, die Befruchtung findet direkt in den Samenanlagen statt.

Dort, wo kein Fruchtknoten vorhanden ist, kann sich auch keine Frucht bilden. Bei den Nacktsamern liegen aus diesem Grund die Samen frei und sind nicht in der Frucht versteckt. Zu den Nacktsamern zählen Koniferen, Gingko, *Cycas*, *Ephedra*, *Zamia* und die seltsame *Welwitschia*, wobei Koniferen die wichtigste Klasse der Nacktsamer sind. Bei der Umwandlung des Koniferenblütenstandes zu Zapfen wachsen die Samenschuppen zu Zapfenschuppen heran. Es gibt aber auch Koniferen ohne Zapfenschuppen wie z.B. Wacholder (*Juniperus*) und Eibe (*Taxus*). Diese bilden fleischige Beerenzapfen. Zapfen sind formschön mit ganz eigenwilliger Wirkung und passen zu vielen herbstlichen und winterlichen Werkstücken. Auch unreife, grüne Zapfen sehen interessant aus.

Waldrebe (*Clematis tangutica*)

Bedecktsamer

Bedecktsamer zeigen im Vergleich zu den Koniferen eine Fülle verschiedenster Fruchtarten. Es gibt Schötchen und Nüsse, Beeren, Kapseln, Hülsen und vieles andere. Manches ist auffallend, bunt, duftend, glänzend, anderes unscheinbar und erst bei genauem Hinsehen wahrnehmbar.

Von der Blüte zur Frucht

Früchte sind so vielgestaltig wie die unsere Umwelt belebenden Blüten. Ob wir sie nur beiläufig wahrnehmen oder bewusst sehen, die Welt wäre wesentlich ärmer ohne sie. Das Äquivalent zur Blume ist die Diaspore, die Verbreitungseinheit der Pflanze, die Früchte und die Samen. Der logische Entwicklungsprozess führt von der Blüte zur Frucht.

Einzelne Blütenmerkmale weisen schon auf den potenziellen Charakter der späteren Frucht hin.

Es gibt Früchte, die aus nicht verwachsenen (chorikarp) und solche, die aus verwachsenen (coenokarp) Fruchtblättern entstanden sind.

Die Saftfrüchte haben eine bis zur Reife fleischige Fruchtwand (das innen, außen oder dazwischen liegende Mesokarp). Wenn die Fruchtblätter als saftige Substanz die Samen umschließen, spricht man von Beeren. Das Fruchtgewebe ist fleischig, enthält Zucker und organische Säuren. Beispiele hierfür sind Weintrauben, Tomaten, Johannisbeeren und Gurken. Ist nur die äußere Fruchtwand fleischig und der innere Teil der Frucht sehr hart, handelt es sich um Steinfrüchte wie z.B. Pflaumen, Kirschen, Kokosnüsse und Walnüsse (ihre grüne Schale ist der fleischige Teil). Bei den Trockenfrüchten sind alle Fruchtschichten im Reifezustand trocken.

Stirbt das gesamte Gewebe, das den Samen umgibt, bei dessen Reife oder danach ab, handelt es sich um Nüsse. Ihre Fruchtwände sind hart und verholzt. Nicht nur die bekannten Haselnüsse gehören dazu, sondern auch Hopfen, Esskastanie sowie die Früchte von Clematis und Trollblume.

Brombeeren (*Rubus fruticosus*)

Mohn (*Papaver orientale*)

Cucumis

Fruchtformen

Nicht verwachsenblättriges

Gynoceum

(Gesamtheit der Fruchtblätter)
chorikarp

Öffnungsfrüchte

Balgfrucht

geht aus einem Fruchtblatt
(Einblattfrucht) hervor, öffnet sich
an der Bauchnaht:
Eisenhut (*Aconitum*), Pfingstrose
(*Paeonia*), Rittersporn (*Delphinium*)

Hülse

ebenfalls ein Fruchtblatt, öffnet
sich an Bauch- und Rückennaht:
Saatwicke, Vogelwicke (*Vicia*), Gold-
regen (*Laburnum*), Bohne (*Phaseo-
lus vulgaris*), Erbse (*Pisum sativa*)

Porenkapsel: Löwenmäulchen
(*Antirrhinum*)

Schote: Schöllkraut (*Chelidonium*)

Schließfrüchte

geben die Samen bei der Reife nicht
frei

Einblatt-Steinfrüchte: Steinobst wie:
Pflaume, Pfirsich, Aprikose, Kirsche,
Mandel

Einblatt-Nussfrüchte: Waldrebe
(*Clematis*), Anemone, Hahnenfuß
(*Ranunculus*), Küchenschelle (*Pulsa-
tilla*)

Einblatt-Beeren: Christophskraut
(*Actaea*), Dattel (*Phoenix*)

Apfelfrüchte: Apfel, Kernobst

Steinapfel: Weißdorn (*Crataegus*),
Mispel (*Mespilus*)

Beeren: Granatapfel (*Punica*)

Gliederhülse: Vogelfuß (*Ornithopus*)

Aus Blüten mit vielen Fruchtknoten
entwickeln sich Sammelfrüchte.
Die Einzelfrüchtchen sind mehr oder
weniger fest miteinander verbunden;
es ergibt sich der Eindruck einer
größeren Einzelfrucht.
Durch viele Übergänge sind Einblatt-
mit den Sammelfrüchten verbunden.

Sammel-Balgfrucht: Trollblume (*Trol-
lius*)

Sammel-Nussfrüchte: Erdbeere
(*Fragaria*), Rose (*Rosa*)

Sammel-Steinfrüchte: Himbeere,
Brombeere

Öffnungsfrüchte

Schote: Die beiden Hälften der Frucht sind durch eine pergamentartige Wand voneinander getrennt. Goldlack (*Cheiranthus*), Mondviole (*Lunaria*)

Kapseln: mehrfächerige Kapseln öffnen sich verschiedenartig: Leimkraut (*Silene*), Stechapfel (*Datura*)

Kapselfrüchte (trockene): Johanniskraut (*Hypericum*), Veilchen (*Viola*), Iris

Deckelkapsel (trockene): Bilsenkraut (*Hyoscyamus*), Herbstzeitlose (*Colchicum*)

Porenkapsel: Mohn (*Papaver*)

Saftige Kapselfrüchte: Pfaffenhütchen (*Euonymus*), sonst hauptsächlich tropische Früchte

Nussschoten: Färberwaid (*Isatis*)

Vielsamige Kapseln: Rachenblütler (*Scrophulariaceae*) wie Fingerhut (*Digitalis*), Klappertopf (*Rhinanthus*)

Schötchen: Hirtentäschelkraut (*Capsella bursa-pastoris*)

Gliederschote: Rettich (*Raphanus*)

Holzige Kapselfrucht: Eukalyptus (*Eucalyptus*)

Saftfrüchte

Steinfrüchte: Liguster (*Ligustrum*), Walnuss (*Juglans*), Holunder (*Sambucus*), Olive (*Olea*), Kokos (*Cocos*/Schwimmgewebe)

Schließfrüchte

Nussfrüchte: Sonnenblume (*Helianthus*)

Spaltfrucht: Meisterwurz (*Peucedanum*)

Verwachsenblättriges
Gynoceum
coenokarp

Beerenfrüchte: Nachtschatten-Gewächse wie Aubergine (*Solanum*), Johannisbeere (*Ribes*), Heidelbeere (*Vaccinium*), Wein (Vitis), Tollkirsche (*Atropa*), Maiblume (Convallaria)

Hartschalige Beerenfrüchte: Avocado (*Persea*) Zitrone, Orange (*Citrus*), Kakao (*Theobroma*)

Panzerbeeren: Kürbis (*Cucurbita*), Gurke (*Cucumis*)

Beerenartige: Banane (*Musa*), Feigen-kaktus (*Opuntie*)

Zerfallfrüchte

Spaltfrüchte: Ahorn (*Acer*), Malve (*Malva*)

Nussfrüchte: Birke (*Betula*), Ulme (*Ulmus*), Esche (*Fraxinus*), Buche (*Fagus*), Hainbuche (*Carpinus*), Hopfen (*Humulus*), Marone (*Castanea*), Hasel-nuss (*Corylus*)

Karyopse: Gräser, Getreide; die Frucht ist zart und häutig

Fruchtstände als Ausbreitungs-einheiten: Maulbeere (*Morus*), Feigen (*Ficus*), Ananas (*Ananas comosus*), Klette (*Arctium*)

Verbreitung der Früchte

Ein paar geschälte Weidenzweige bilden eine luftige Unterform für ein Gebinde mit Asclepias und Passionsblume.

Die Natur macht es uns leicht von Früchten fasziniert zu sein: Ihre Buntheit, ihre Formen, ihre Texturen sind so mannigfaltig, dass immer anders variierte Zusammenstellungen entstehen. Die wesentlichen Merkmale der Früchte resultieren aus der Anpassung an die Umwelt und durch die spezifischen Verbreitungsmechanismen. Diese beiden formbestimmenden Prozesse sind genauso beachtenswert wie ihre Resultate.

Hier soll im Wesentlichen von denjenigen Früchten die Rede sein, die sich für floristische Werkstücke eignen, obwohl andere Fruchtstände und Samen keineswegs uninteressanter sind. Sie sind vielleicht eher zu klein, zu fragil, zu weich und empfindlich hinsichtlich der Verarbeitung. Ihre Diasporen und Samen zeigen jedoch ebenfalls bizarre und schöne Formen.

Früchte dienen der Samenausbreitung. Es gibt die verschiedensten Vorrichtungen und Lockmittel, damit das gewährleistet ist. Tiere reagieren auf Nahrungs-, Duftstoffe und Farben. Bei solchen Pflanzen, deren Früchte nicht von Tieren gefressen werden, ist die Farbe meist wenig bunt und auffallend, ihr Verbreitungsweg verlangt andere Qualitäten.

Samen, die der Wind verstreut, besitzen einen Haarkranz, den Pappus. Ihn kann man bei Korbblütlern finden, deren bekanntestes Beispiel der Löwenzahn ist. Gräser haben ebenfalls Flugfrüchte; die schönsten besitzen die Federgräser (*Stipa*) mit ihren langen seidigen Grannen. Wollige, flauschige Fruchtstände kennzeichnen die Haarflieger wie die Waldreben und Küchenschellen (*Clematis*, *Pulsatilla*). Der Wind trägt die einzelnen Samen mit dem seidigen dünnen Haarfortsätzen weit davon. Mit schönen Samenhaaren sind auch die Seidenpflanzengewächse (*Asclepiadaceae*) ausgestattet. Bei der Seidenpflanze (*Asclepias fruti-*

Ein kleiner sommerlicher Obstkorb mit Heidelbeergirlanden und Himbeerfüllung

cosa) werden jedoch eher ihre ballonartigen hellgrünen Früchte als die Samen geschätzt. Öffnet man eine Frucht, kann man die zusammengelegten Seidenflughaare sehen. Die Flügelflieger besitzen einen oder zwei seitlich angesetzte Flügel, der die Samen mit propellerartigen Bewegungen zu Boden gleiten lässt. Durch die Drehbewegungen fällt der Same langsamer zur Erde, der Wind kann ihn so leichter aufnehmen und weiter transportieren (Ahorn, Linde).

Früchte, die durch Wasser verbreitet werden, brauchen ebenfalls keine auffallende Farbe. Sie können selbst als Ganzes schwimmen: Der Same besitzt eine lufthaltige Hülle oder die Samenschale enthält Luft. Die Kokosnuss kann lange Zeit schwimmen und sich so an tropischen Inseln und Küsten ansiedeln.

Die Selbstausbreiter lassen ihre Diasporen einfach zu Boden fallen. Dazu gehören Einjährige wie z.B. die Kornblume, Jungfer im Grünen (*Nigella*) u.a. Sie fallen unter oder neben die Mutterpflanze und keimen in Mengen um sie herum. Da diese Samen recht langlebig sind, kommen sie beim Umbruch des Erdreichs, mit dem sie eventuell vorher in die Tiefe gelangt sind, wieder an die Oberfläche, keimen und blühen in großer Anzahl, z.B. beim Mohn. Das kann man beim Wegebau, an neu angelegten Böschungen und Feldstücken sehen. Es gibt unter den Selbstausbreitern Pflanzen, die ihre Samen nicht einfach fallen lassen, sondern sie aktiv verteilen. Dazu gehören das Springkraut (*Impatiens*) und die Spritzgurke (*Ecballium*) aus dem Mittelmeerraum, die ihre Samen ausschleudern.

Früchte, die von Vögeln verbreitet werden, sind meistens auffallend schwarz, rot, gelb, blau, nicht allzu groß, mit weicher Schale und relativ lange haftend. Rot ist die von ihnen bevorzugte Farbe. Da sie allein durch ihre Farbe locken, duften diese Früchte auch kaum oder gar nicht. Zudem bleiben sie lange, bis weit in den Winter hinein, haften.

Früchte, die von Säugetieren gefressen werden, sind zwar auch farbig, jedoch nicht so auffallend bunt. Vor allem in den Tropen tragen Tiere zur Samenverbreitung bei. Die Früchte sind größer, duftend und schmecken aromatisch. Teilweise besitzen sie härtere Schalen. Sie fallen zur Erde und werden dort von Tieren gefressen. Dazu gehören Pfirsiche, Avocados, Citrusarten, Bananen u.a..

Kleinere trockene Samen und Fruchtstände werden von Körner fressenden Vögeln verbreitet, Nagetiere fressen eher die größeren wie z.B. Bucheckern und Haselnüsse. Sie werden vor allem gesammelt und in Verstecken gehortet, so dass immer ein Teil dem Verzehr entgeht und keimen kann. Obwohl ihre Fruchtstände zu Schmuckzwecken nicht geeignet sind, ist die Samenverbreitung von Veilchen

(*Viola*), Schneeglöckchen (*Galanthus*), Alpenveilchen (*Cyclamen*) und Lerchen-
sporn (*Corydalis*) recht interessant: Bei diesen Pflanzen tragen Ameisen die
Samen weg, weil diese kleine mit Lock- bzw. Nährstoffen versehene Anhängsel
haben.

Farben

Die bunten Farben entstehen durch die Fruchtreife. Der Farbwechsel vieler Früchte
bildet sich durch den Abbau des Chlorophylls und die Synthese von Anthocyanen
und Carotinoiden. Bei Tomate und Paprika verwandeln sich die Chloroplasten zu
Chromoplasten. Oft werden Stärke und organische Säuren abgebaut (bei der
Zitrone hingegen verstärkt gebildet), Zucker vermehrt, Duft- und Aromastoffe
synthetisiert und Wachsüberzüge gebildet.

Unreife oder grün reifende Früchte sind nicht weniger schön als bunte. Im ausgereiften Zustand allerdings gibt es wenig Grünes. Dazu gehören Weintrauben,
Asclepias, *Curcuma*, Holzapfel, Holzbirne. Grüne Früchte, reif oder unreif, können
Frische, den Sommer, den frühen Herbst, ein Gartenfest etc. symbolisieren. Bereift, wachsartig, borstig, haarig von mannigfaltigem, gelblichen, weiß-gräu-
lichen, smaragdenen, bläulichen, bräunlichem Grün gibt es reizvolle Farbkombi-
nationen.

Rot und Orangerot

Rot und Orangerot sind die Fruchtfarben per se. Eine der schönsten Komplemen-
tärkontraste, welche die Natur für uns bereit hält, zeigt sich, wenn aus dem noch
sommerlichen Grün das glänzende Rot leuchtet. Nicht alle Früchte entwickeln sich
so zeitig, dass sich solch einprägsame und kraftvolle Kontraste bilden können. Oft
geht ja die Fruchtreife mit der Seneszenz das Laubes einher, welche die Farbhar-
monie anders gewichtet. Manchmal wird das Bild durch eine besondere Texturbeschaffenheit ergänzt, dann kann die Farbkombination einen weiteren Aspekt
bekommen. Die rauen, schon etwas trocken werdenden Blätter bringen eine reizvolle Ergänzung zu lackglänzenden Früchten.

Auffallend rote und rotorangefarbene Früchte sind bei Sträuchern und Bäumen
anzutreffen. *Cotoneaster*-Arten tragen kleine, weithin leuchtende Apfelfrüchte.
Eine besonders auffallende Farbkombination zeigt das Pfaffenhütchen (*Euonymus*) mit der dunkelhimbeerroten Kapsel und dem orangefarbenen Arillus des
Samens. Die aufspringende kleine Kapsel des Baumwürgers (*Celastrus*) ist gelb

Rosenfrüchte, Rosenblüten und Akanthus in einer frei geformten Tasche aus Ton. Die frischen Werkstoffe stehen in einem Behältnis.

und die Samenmäntel sind rotorange. Satt leuchten die intensiv roten Beeren der Stechpalme (*Ilex*) zwischen dem glänzenden immergrünen Laub. Der Feuerdorn (*Pyracantha*) wartet mit roten und orangefarbenen in Mengen erscheinenden Apfelfrüchten auf. Schon früh im August sieht man das kräftige Orangerot der Vogelbeeren (*Sorbus*). Glasartig glänzen die Steinfrüchte der Doldenrispen von *Viburnum opulus*, dem Schneeball, und formschön sind die krugartigen Hagebutten der Rosen. Sparrig im Wuchs und mit Dornen bewehrt ist der Sanddorn (*Hippophae*) mit orangefarbenen Beeren, die schon ab August reifen und lange in den Winter hinein haften.

Der Weißdorn (*Crataegus*) trägt dunkelrote kleine Steinäpfel an kräftigen, mit Dornen besetzten Zweigen. Die Früchte anderer *Crataegus*arten sind größer und eher orangerot. Nicht richtig winterhart ist die Orangenkirsche (*Idesia*) mit hängenden, traubigen Fruchtständen, die recht lange haltbar sind; sie werden meistens aus Italien importiert.

Rosa

Es gibt nicht viele rosafarbene Fruchtstände. Der farbliche Gesamteindruck des Pfaffenhütchens tendiert eher zum Weinrot; es gibt jedoch auch rosafarbene Sorten. Rosa sind die Beeren der Torfmyrte (*Pernettya*). Dies sind kleine Sträucher, die sehr dekorativ im Fruchtschmuck sind. Die Farben spielen von Weiß über Rosa zu Dunkelkarmin. Von der Schneebeere (*Symphoricarpos*) gibt es Hybriden mit rosafarbenen Beeren. Auffallend und reich besetzt sind die Zweige der Sorte 'Mother of Pearl'.

Schwarz

Schwarz kann anziehend wirken. In manchen Jahren ist der Liguster reichhaltig mit glänzend schwarzen Steinfrüchtchen besetzt. Die Dolden des Efeu bestehen aus schwarzen Beeren. Die Blüte ist spät, im Oktober, und die Früchte reifen erst im Jahr danach. Schnittzweige kommen ab Herbst aus Italien. Die locker-breiten Holunderdolden mit kleinen Steinfrüchten glänzen schwarz-violett. Sie sind schön für herbstliche Werkstücke, allerdings nicht besonders haltbar; wenn sie reif sind, färben sie stark. Brombeerranken, dicht mit den schwarzen Sammelfrüchten besetzt, sind sehr auffallend; ausgereift fallen sie rasch ab. Es gibt viele Arten und Sorten, die sehr dekorative Fruchtstände eher in weinrot-bräunlichen Tönen haben. Die krautige Kermesbeere (*Phytolacca*) ist schwarzfrüchtig an weinroten Stielen und die Tollkirsche hat runde Beeren in glänzendem Schwarz (giftig!).

Blau

Die Farbe Blau ist relativ selten bei Früchten, wenn man von Zwetschgen, Pflaumen, Weintrauben und Heidelbeeren einmal absieht. Blau wirkt kostbar, vor allem, wenn es nicht ins Violette spielt und kraftvoll auftritt. Aufregend wird Blau, wenn es metallisch glänzt und zum Eisvogelblau tendiert. Lorbeerschneeball (*Viburnum tinus*) hat ein solches Märchenvogelblau. Im Winterhalbjahr wird es aus dem Mittelmeerraum importiert. Ein häufiger blaufrüchtiger Strauch ist die Schlehe, deren Früchte ihr reifbedecktes, recht eindeutiges Blau gegen die schwärzlichen dornigen Äste setzt. Mahonien haben ein kräftiges Blau mit leichtem grauen Überzug. Allerdings ernten

Kleiner symmetrischer Strauß mit Mahonien, Bucheckern, Ahorn, Thuja, Euonymus, Beifuß

33

Vögel die weichen Beeren rasch ab. Die Beerenzapfen des Wacholders sind ebenfalls blau. Da die Früchte relativ klein, die Blätter hingegen dichtstehend, immergrün und nadelig sind, ist die Farbwirkung der Beeren eher bescheiden. Außerdem wird man keine Wacholderzweige mit eindeutig blauem Besatz finden, da die Früchte erst im zweiten und dritten Jahr reifen und es immer grüne, blaue und schwarze gleichzeitig gibt.

Nach dem Laubfall gut zu erkennen und auffallend ist der Strauch der Schönfrucht (*Callicarpa*) mit ziemlich kleinen beerenartigen violetten Steinfrüchten.

Gelb

Von einigen Gehölzen gibt es gelbe Varietäten, die zusammen mit dem herbstfarbenen Laub warm und harmonisch wirken. Dazu gehören die Stechpalme (*Ilex*), Feuerdorn (*Pyracantha*), Schneeball (*Viburnum dilatatum* 'Xanthocarpus'), Zwergmispel (*Cotoneaster* x *watereri* 'Rothschildianus'), Vogelbeere (*Sorbus rehderiana* 'Josef Rock'). Es sind aber auch eine Reihe von Pflanzen von Natur aus gelbfrüchtig.

Einer rotfrüchtigen Pflanze die gelbfrüchtige Form zu benachbarn kann ansprechend sein. Es ist eine Kombination, die nicht so häufig zu finden ist, vielleicht deshalb, weil es nicht so viele gelbe Formen der rotfrüchtigen Gehölze gibt.

Gelbe Früchte sind ferner bei Zieräpfeln (*Malus*), bei Scheinquitten (*Chaenomeles*) und Quitten (*Cydonia*) zu finden. Die beiden letztgenannten sind zudem noch sehr aromatisch. Quitten fallen, sobald sie schön gelb und duftend sind, rasch ab. Zieräpfel können je nach Sorte bis in den Winter hinein haften bleiben.

Weiß

Weiße Früchte können schaumig sein oder fest und glänzend wie Perlengehänge. Im Laub versteckt sind sie nicht sehr auffallend. Ihre Stunde kommt, wenn die Zweige kahl zu werden beginnen wie bei der filigranen Schneebeere.

Viele Früchte besitzen Zwischenfarben, die nicht eindeutig zuzuordnen sind. Bräunliche und grünliche Farben sind häufig. Form- und Textur erweitern das interessante Spektrum. Schöne Beispiele sind die kugeligen Platanenfrüchte (*Platanus*) mit ihren etwas rauen Oberflächen in Grün- bis Ockertönen, die glatten bis warzigen *Cucumis*-Arten (helles und dunkles Grün, Ocker, Gelb, bräunlich und gefleckt, gestreift oder schattiert) sowie die Mispel. Sie ist weder grün noch braun, sondern liegt dazwischen, mit einem leichten metallischen Schimmer.

Üppiger Strauß aus Schneebeeren *(Symphoricarpos)*, Dill und buntblättrigen Geranien

34

Texturen

Farben sind die attraktivsten Merkmale der Früchte. In ihrer Wirkung sind sie jedoch nicht nur von der Form, sondern auch von der Textur beeinflusst. Die Epidermis als Schutzhülle besitzt eine große Vielgestaltigkeit. Es gibt reliefartige und ganz glatte Flächen, sie können mit Stacheln, Borsten, Haaren und Höckern versehen sein. Sie sind auch Ausdruck der ursächlichen Verbreitungsmechanismen. Charakteristische Texturen können ein alleiniges Thema in einem floristischen Werkstück sein oder sie lassen Zusammenstellungen kontrastreich und lebendig erscheinen. Die unterschiedlichen Reifestadien sind es ebenfalls wert in Erwägung gezogen zu werden: Es ist ein Unterschied, ob Fruchtstände und Früchte halbreif, ausgereift oder schon im Trocknen begriffen sind. Jeder Zustand zeigt seinen speziellen Ausdruck.

Auch wenn die Stofflichkeit nicht das motivtragende Mittel ist, wirkt sie dennoch mit. Wie glasierte Keramik können Äpfel, Birnen und Kirschen aussehen und man braucht sich nur noch zu überlegen, ob man eine schmuckvolle Steingut-Schale mit ihnen füllt oder ob sie eine farbliche und stoffliche Ergänzung für ein anderes Gestaltungsmotiv darstellen. Fast durchscheinend schimmern Schnee-

Die glatten, teils wachsartigen Früchte von *Solanum* (Eierfrucht), Pfefferbaum (*Schinus*) und Kermesbeere (*Phytolacca*) harmonieren mit der silbernen Schale.

beeren in Weiß oder Rosa. Ähnlich, etwas fester in der Substanz wirken Früchte der Torfmyrte (*Gaultheria mucronata*), insbesondere solche in zartem Rosa und Weiß. Lackfrüchte sind die roten Schneeballbeeren, die schwarzen Tollkirschen (*Atropa*) und die schwarz-violetten Kermesbeeren. Der Holunder gehört dazu, vollreif mit kleinen schwarz-violetten Glanzperlchen.

Einen Hauch von Metall haben die blauen Früchte des Lorbeerschneeballs (*Virburnum tinus*) und die weiß-bläulichen des Hartriegels (*Cornus alba*). Wie Porzellan wirken weiße Schönfrüchte (*Callicarpa*) und helle *Sorbus*-Sorten. Zitronen und

Orangen haben ebenfalls etwas Keramisches, Porzellanartiges an sich. Besonders, wenn sie in Fayenceschalen und Porzellan-Etageren liegen, scheinen sie einem alten Stillleben entstiegen zu sein.

Explizit rau sind wenige Früchte, wenn sie nicht zusammen mit Zweig, Holz, Ast oder Blatt der Pflanze eine solche Textur vermitteln wie es z.B. Feuerdorn (*Pyracantha*), Weißdorn (*Crataegus*), Sanddorn (*Hippophae*) und die Brombeere (*Rubus*) tun.

Vielen Früchten könnte man den Begriff ledern zuordnen, wobei es noch zu unterscheiden gilt, ob es sich um »raues oder glattes Leder« handelt. Hierzu zählen Granatäpfel, der Lederhülsenbaum (*Gleditsia*), die Lampionblume (*Physalis*) und trockene Mohnkapseln.

Stachelig sind manche Rosenfrüchte, Esskastanienschalen, Distelarten, Akanthus (*Acanthus*) und Artischocke (*Cynara*).

Holzig sind eine Reihe von Exotenfrüchten wie Paradiesnüsse (*Lecythis*), *Hakea* u.a. Doch auch Kapseln von der Wiesen-Schwertlilie (*Iris sibirica*) und von Nüssen haben eine holzartige Oberfläche.

Fedrig sind reife Clematisfruchtstände. Wie starkes Papier erscheinen Pimpernuss (*Staphylea*), Eschen- und Ahornfrüchte (*Acer*).

Es gibt viele Früchte, die eher indifferent in der Textur sind, also nicht besonders glänzend, ledrig oder porzellanartig. Sie können je nach Ausprägung zur einen oder anderen Stofflichkeit tendieren. Ligusterbeeren scheinen ziemlich metallisch zu glänzen, manchmal scheinen sie eher ledern zu sein. Zudem können

in einem Werkstück Fruchtstände zusammen mit weiteren Texturen, Farben und Formen ihre ursprüngliche Wirkung verändern.

Die Haut von Pfirsichen und Aprikosen ist samtig. Rustikal sind Geißbart (*Aruncus*), Fingerhut (*Digitalis*), Malve (*Malva*), Fetthenne (*Sedum*), Lichtnelke (*Lychnis*), Alant (*Inula*), Telekie (*Telekia*), Sonnenblume (*Helianthus*) und Königskerze (*Verbascum*).

Weich sind die Fruchtstände von Labkraut (*Galium*), glasartig die von Johannisbeere, Weintrauben und Christophskraut (*Actaea*). Filigrane Gestalten lassen sich sowohl eher zu Glasartigem als auch zu Metallischem ordnen.

Auch unter den »Nichtfrüchten« gibt es interessante Stofflichkeiten. Hierzu gehören die frischen oder trockenen »Papierhäute« der Zwiebel, das »Leder« der Roten Beete oder der matte stumpfe »Stoff« der Kartoffelschale.

Vor allem in der Vergrößerung erstaunt die große Vielfalt der Texturen. Immer wieder anders strukturierte, bereifte, borstige, haarige Oberflächen mit Epidermisfurchen und -borken sowie vielgestaltigen Cuticularfältelungen treten zusammen mit Wachsüberzügen auf. Es gibt wachsüberzogene Schichten, die unbenetzbar sind. Allerdings sind besonders starke Cuticulaschichten eher an Sprossen und Blättern von Pflanzen zu finden, die an extrem trockenen Standorten wachsen.

Die Wände der Epidermiszellen von Früchten und Samen zeigen besonders reiche strukturelle und stoffliche Mannigfaltigkeit. Der Oberflächenüberzug mit Wachskristallen (z.B. bei Pflaume, Weinbeere) in den Epidermen ist im trockenen Zustand hornig-fest und weicht im Wasser stark auf.

Das Ordnen und Anordnen

Ordnen und Anordnen

Ordnen und Anordnen

Die schweren Zierapfelfrüchte werden von einem Weidengeflecht gehalten. Malven, Rosen und Artemisia unterstreichen den sommerlichen Eindruck.

Theorien vom Ordnen und Gestalten können recht trocken sein. Doch die Pflanzen zu nehmen, sie miteinander zu kombinieren, ein Zusammenspiel zwischen ihnen zu schaffen, dem eigenen Gespür und Gefühl freien Lauf zu lassen: Wie lebendig ist das hingegen! Und doch, bevor man ans Gestalten geht, sollte erst einmal über Komposition und Harmonie gesprochen werden.

Häufig entsteht zuerst ein Werkstück, möglicherweise auf eine neue gestalterische Art und Weise, und die theoretische Erläuterung und Einordnung in ein bestehendes System folgt anschließend. Dieses ungebundene Vorgehen hat seinen Reiz. Spontan und kreativ entwickeln sich Arbeiten ohne schulmeisterliche Bedenken, doch ganz ohne Fundament geht es dennoch nicht. Dieses Grundgerüst an Wissen bedeutet, dass man über die Werkstoffe Bescheid weiß, ihre Persönlichkeit und ihre Wirkung einschätzen kann sowie Kenntnis darüber besitzt, wie sich Pflanzen verhalten und welche Forderungen hinsichtlich ihrer Pflege erfüllt werden müssen. Dazu gehört auch, dass man Sicherheit erlangt das Geeignete für ein bestimmtes Werkstück auszuwählen sowie das Ausdruckspotenzial des einzelnen Pflanzenteils abzuschätzen. Ob Blüte, Blatt, Ast, Wurzel, Stiel oder Frucht, jedes Teil zeigt seine Bedingungen, unter denen es bereit ist seine Schönheit zu entfalten. Alle besitzen die Vollkommenheit, die Dingen aus der Natur zu eigen ist, nur unsere Sinne dafür müssen geschärft und empfänglich sein. Es geht nicht allein um das Gespür für Schönheit, sondern darum, dieses auch sichtbar zu machen; es geht um Ausdruck und Ausdrucksfähigkeit. Gestaltungsgrundlagen tragen bis zu einem gewissen Grad dazu bei Stimmung und Wirkung nicht als Zufallsergebnis zu nehmen, sondern gezielt zu erreichen und zu bestimmen, wie sie vermittelt werden können.

Gestaltungslehren bilden einen Fundus, vor allem aber müssen sie sich vom Tun, vom realisierten, interessant empfundenen Ergebnis anschaulich ableiten, sonst erscheinen sie nur theoretisch, als Fassade ohne Wesentliches dahinter. Außerdem ändern sie sich, zwar nicht ständig, aber doch so, dass sich Gepflogenheit, gewandelte Ansichten und Empfindungen in diesen Richtwegen niederschlagen.

Es gibt jedoch eine Reihe grundsätzlich determinierter Tatsachen und Bestandteile der Gestaltung, die sich bewähren und allgemeingültig sind. Diese Gestaltungsregeln sind interpretier- und erweiterbar.

Harmonie ist lange Zeit ausschließlich mit Symmetrie gleichgesetzt worden. Die Symmetrie ist eine stringente Form der Ordnung, in welcher sich die Mittel anpassen. Sie ist in der Lage durch Spiegelung und Wiederholungen dem Werkstück oder dessen Bestandteilen eine zentrale Bedeutung zu geben. Die Asymmetrie ist weniger leicht erfassbar. Sie braucht, um harmonisch zu sein, eine viel komplexere Ausgewogenheit als die Symmetrie. Unterschiedlich große Partien und Gruppen ordnen sich scheinbar zufällig. Es besteht eine spannungsreiche Balance zwischen verschiedenen Teilen und Motiven.

Faktoren beider Prinzipien zeigen, dass es sich um natürliche Ordnungen handelt. Jede bietet für sich vielfältige und interessante Interpretationsmöglichkeiten.

Der Charakter der Ordnung selbst ist grundsätzlicher Natur. Sie ist gleichmäßig oder sie ist es nicht. Sie kann nicht beides gleichzeitig sein. Es kann Abweichungen, kleine Verschiebungen innerhalb des Systems, aber kein Vermischen geben. Ein Werkstück ist z.B. symmetrisch mit geringfügigen, die Gesamtstruktur nicht verändernden asymmetrischen Komponenten, wie dies bei formalen Arbeiten oder solchen mit Volumencharakter geschehen kann.

Die Ordnungsarten (Übersicht)

Symmetrie	Ordnen in gleichen Gruppen
	Ordnen in Zeilen- oder Flächenreihungen
	Muster machen
	Volumen
	Schichten, Anhäufen
Asymmetrie	Ordnen in ungleichen Gruppen
	Streuen und zufälliges Verteilen
	Ansammlungen
	Unregelmäßiges Aufeinanderschichten
	Unregelmäßige Volumen und Körperformen
Anordnen, Zusammenfassen	Vorbild des Wachstumspunktes, der sich aus einem angenommenen Wuchspunkt entwickelt
	Vorbild vieler Wachstumspunkte, die sich aus vielen angenommenen Wuchspunkten entwickeln
	Schnitt- und Sammelpunkte
	Andersgeartete Zusammenfassungen

Symmetrie

Die beiden prinzipiellen Ordnungen, Gleichmaß und Nichtgleichmaß, zeigen sich in vielen Naturformen und -prozessen. Das Gleichmaß ist in seiner Logik augenscheinlich, geht effizient mit Formen um, ist leicht erfass- und rasch übersetzbar.

Das Herausbilden eines räumlichen Volumens wird durch die einleuchtende Form wohlwollenden Betrachtern begegnen. Es finden sich mannigfaltige Vorbilder aus der belebten und unbelebten Natur: Kreise, Ringe, Kugeln, Ellipsen und daraus abgeleitete Variationen. Die Formen von Quader und Kugel, die über Jahrtausende einen grundlegenden Formenkanon darstellen, entsprechen dem Gefühl für Klarheit, Schönheit und Ausgewogenheit. Es ist wahrscheinlich, dass es ein tiefgreifender Wunsch in uns nach Ordnung diesen symmetrischen Harmonien den Vorzug geben will.

Zusammen mit dünnen Ligusterzweigen bilden die Hagebutten und Holunderzweig ein gleichmäßiges Volumen. Alles ist miteinander verflochten; es ist keine Steckmasse oder ein anderes Hilfsmittel erforderlich.

Das gleichmäßige Anordnen ist eines der wichtigsten Prinzipien der Gestaltungsfindung. Symmetrie ist, sichtbar vorhanden, auch nicht entworfenen Ordnungen zueigen, sei es als Einzelgestalt oder als Prinzip. Viele organische und unorganische Naturwesen und -dinge sind symmetrisch. Früchte und Fruchtstände sind häufig symmetrisch, manchmal von verblüffender Gleichmäßigkeit. Ohne den Gesamtkomplex zu stören gibt es Abweichungen innerhalb des symmetrischen Systems, was dasselbe interessanter erscheinen lässt. Es gibt z.B. Kiefernarten, die völlig symmetrische Zapfen ausbilden, bei anderen Spezies hingegen scheinen die Hälften zwar gleich, weichen aber doch beim genauen Hinsehen erkennbar von der Symmetrie ab.

Das Gleichmaß der Frucht bietet sich an in die Gestaltung einbezogen und weitergeführt zu werden. Symmetrie vermittelt das Gefühl von klarer Überschaubarkeit, Unkompliziertheit, leichter Erfassbarkeit des Gesamten und sie besitzt einen suggestiv-dekorativen Charakter. Es bieten sich verschiedene Formen der Symmetrie an. Die zweiseitige Symmetrie konzentriert die Form in einer betonten Mittelachse und zwei gleich ausgebildeten Teilen. Die Seiten müssen nicht identisch sein, sollten jedoch optisch gleich wirken. Kleine Abweichungen lassen mehr Lebendigkeit im Ausdruck zu. Für traditionelle Arbeiten, Fruchtpyramiden und Ähnliches trifft diese einfache Ordnung zu.

Spiegelgleichheit ohne betonte Symmetrieachse ergibt Reihungen und Schichtungen bis hin zu Körperformen. Diese sind gleichmäßig in Kontur und Volumen. Solche Werkstücke wirken für sich alleine oder sie werden in Zusammenhang mit freieren Formen gebracht. Reihungen und Schichtungen mit Früchten bieten sich geradezu an, vor allem wenn es sich dabei um Beeren, kleinformatige Nüsse, Apfelfrüchte, Hagebutten und Ähnliches handelt. Fortlaufendes Gleichmaß kann trotz der Monotonie recht eindrucksvoll sein wie sie z.B. Ketten, Girlanden, Flächenarbeiten und Tischschmuck zeigen.

Asymmetrie

Die Erscheinungen der Natur zeigen beide Prinzipien: die symmetrische und die asymmetrische Frucht, der Strauch, das Blatt, die gesamte Pflanze. Viele Pflanzen zeigen beide Ordnungen: Der sich frei entwickelnde Habitus des Krautes, Strauches oder Baumes ist asymmetrisch. Er trägt symmetrische Blüten, Früchte und

Blätter. Es herrscht ein ständiges Spannungsverhältnis zwischen diesen beiden Prinzipien.

Die asymmetrische Ordnung zeigt als ein wesentliches Merkmal Ungleichheit. Ihre Harmonie beruht auf dem Verhältnis der ungleichen Teile untereinander und zum Gesamten sowie auf deren Balance zueinander. Übertragen lässt sich dieses Prinzip auf ein freies Spiel, das Gruppen und Teile in Spannung bringt. Die Zentrallinie, die

Der ovale Umriss des gebundenen Straußes löst sich nach einer Seite auf: Solanumfrüchte (*Solanum mammosum*), Kapuzinerkresse und Euonymus

Mitte, zu betonen wird vermieden, dennoch ist sie gleichwohl unsichtbar vorhanden. Um eine ausgewogene Verteilung vornehmen zu können, braucht man verschieden starke Dominanzen, welche die Form bestimmen, Ausdruck geben, denen kleine Teile entsprechen und die diese ausgleichen. Die größeren Teile bestimmen den Charakter des Ganzen. Die kleineren ergänzen diesen, indem sie sich unterordnen, begleiten, konterkarieren. So kann ein lebhaftes Spiel der Gruppen, Massen, Bewegungen beginnen, das ein anregendes und abwechslungreiches Geschehen darstellt.

Gruppierungen

Viele Pflanzen wachsen in losen Verbänden in mehr oder weniger deutlich wahrnehmbaren Gruppen. Natürliche Gebüsch- und Waldränder lichten sich. Einzelne Bäume stehen in dichten oder lockeren Gruppen zusammen, die sich nach und nach auflösen und vereinzeln. Gruppierung ist ein der Natur nachempfundenes Gestalten. Eine Gruppe zeigt das Motiv an, alle Mitglieder dieses dominierenden Teils sammeln sich um ihre Gruppenachse und sind deutlich erkennbar dieser Gruppe zugeordnet. Die nächststärkere Gruppe steht in enger Beziehung zur ersten. Näher oder weiter von dieser entfernt korrespondiert sie mit der Hauptgruppe. Weitere kleine Gruppen sind für den Ausgleich untereinander notwendig. Die Ausprägung der Gruppen ist dergestalt, dass sie sich harmonisch ergänzen. Die Einzelformen gehen in der jeweiligen Gruppe, die Gruppen in der Gesamtform auf. Durch Verteilung, unterschiedliche Entfernung und Ausdrucksstruktur wird eine optische Beziehung hergestellt.

Die charakterliche Abstimmung gewährleistet die Einheit der Gesamterscheinung, die Verteilung und Zuordnung richtet sich nach dem Geltungsanspruch der

Charaktere. Weitere wichtige Rollen spielen die Übereinstimmung von Bewegung, von farblicher Einheit, die Anpassung an die Umgebung, das Leitthema, der Anlass, die werkgerechte Anwendung und, falls verwendet, die Abstimmung mit dem Gefäß. Gruppierungen können sowohl mit gleichen als auch mit ungleichen Gruppen gebildet werden.

Reihungen

Ein anderer Ordnungsmodus ist die Reihung. Sie ist Ausdruck einer Zusammengehörigkeit, die durch Regelmäßigkeit aufeinander folgender Teile ersichtlich wird. Reihung kann in verschiedenen Drehrichtungen horizonal und vertikal verlaufen. Es lassen sich viele Variationen bilden: stetige gleiche Form, gleiche Abstände, stetiger Wechsel gleicher Formen mit unterschiedlichen Abständen, die sich in immer gleichen Intervallen wiederholen, sich rhythmisch wiederholende unterschiedliche Formen, deren Abstände gleich sind.

Reihungen können linear oder flächig sein. Fruchtstände und Früchte eignen sich gut für Reihungen, angefangen von aufgefädelten Ketten bis zu ausgelegten Mustern für einen Tischschmuck.

Häufung

Werkstoffe werden angehäuft zur Erhebung, zum Hügel, zur Pyramide. Früchte lassen sich leicht zu strengen geometrischen Formen aufschichten. Die Form bezieht ihre Wirkung auch aus dem Spannungsfeld zu der unmittelbaren Umgebung wie der Horizontalen, auf der sie steht, oder zu dem Gefäß, mit dem sich die Häufung optisch verbindet.

Volumen

Früchte zeigen vielfache Behältnis- und Körperformen. An Volumen ist interessant wie sich die Beziehung zwischen Kontur, Masse, konvexen und konkaven Ausbuchtungen entwickelt. Symmetrien und Asymmetrien ergeben ruhend-geschlossene oder dynamische Figuren. Die Einzelstellung größerer Früchte kann diesen Ausdruckscharakter verdeutlichen. Körperformen können als Behältnisse dargestellt werden, bei denen Form und Inhalt ineinander übergehen. Volumen werden aus Früchten gebildet oder diese werden selbst als Volumen oder Skulptur aufgefasst.

Streuungen

ner filigranen Struktur sind Physalis zugednet. Yamswurzelranken ergänzen das tige Gebilde.

Etwas ausstreuen, fallen lassen, sehen wie es sich ordnet, kann eine Gestaltungsabsicht sein. Auch bei abfallenden Früchten sind solche Vorgänge zu sehen. Die Zufallsordnung zeigt beim Nachvollziehen, dass das unabsichtlich sich selbst Ordnende gar nicht so einfach zu einem harmonischen Gesamtbild abzuschließen ist.

Korbfüllung zum Spätherbst: mit Yamswurzel (*Dioscorea*), Paprika, Ranken von Haarblume (*Trichosanthes*), aufgereihten Haselnüssen, Ahornlaub, Taro (*Colocasia*)

Anordnen – Zusammenfassen

In vielen Werkstücken wie Sträußen, Gebinden, Gefäßfüllungen und Anderem werden eine Anzahl von Einzelgestalten real oder optisch zusammengefasst. Gebundene Sträuße sammeln alle Stiele im Bindepunkt, der Stelle, an der alle Bewegungen zusammentreffen, um sich im Straußstiel nach unten wieder zu spreizen. In Steckarbeiten konzentriert sich die Zusammenfassung der Gruppen im Wuchspunkt, dem Punkt, der idealerweise als Sprosspunkt über der in der Erde liegenden Wurzel sitzt und der alle »aus dem Boden sprießenden« Stiele der Pflanze in sich vereint. Raumausdehnung, Balance und Bewegungsabstimmung entstehen, wenn sich die Pflanzenteile aus dem tiefer gelegenen Wuchspunkt entfalten.

Werkstücke, die nicht von vegetativen Gesichtspunkten ausgehen, werden eher von Sammel- und Schnittpunkten bestimmt. Diese Zusammenfassungen sind nicht so tief wie Wuchspunkte angesetzt, sie besitzen einen eher betonten, abschließenden Charakter.

Stiele können sich auch kreuzen und somit weitere Schnittpunkte entwerfen oder aus anders gelagerten Sammelpunkten ein spannungsreiches Spiel mit der Balance beginnen.

Verschiedene Gestaltungswege

Grundsätzlich ist zwischen zwei Gestaltungsarten zu unterscheiden. Auf der einen Seite sind alle naturhaften Darstellungswege, auf der anderen alle nicht vegetativen zu finden.

Vegetative Gestaltung

Bei der vegetativen Gestaltung wird die Pflanzenpersönlichkeit vollständig respektiert, ihr Ausdruck wahrgenommen und in der Verwendung diese Erkenntnis umgesetzt. Es gilt einzelne Aspekte des Wachsens zu betrachten, wie z.B. eine Frucht am Zweig hängt, wie dieser Zweig am Strauch steht, welchen Ausdruck der gesamte Strauch im Fruchtbesatz hat. Die Natur wird nicht nachgeahmt, sondern als Vorbild und Inspirationsquelle empfunden. Das gilt für die Darstellung einer einzelnen Art genauso wie für die Kombination mehrerer Arten. Ausgeprägte Gestalten dominieren durch Habitus und Bewegung, weniger starke ergänzen und ordnen sich ein. Dabei kann ein lebhaftes Geflecht von Beziehungen entstehen mit Annäherung, Vervollkommnung, Kontrasten. Charaktere verschiedener Prägung können dadurch zu einer Einheit finden. Die Ordnung ist asymmetrisch, der Modus kann Gruppierung, Reihung, Häufung, Streuung sein oder auch Volumencharakter haben. Die Anordnung bezieht sich auf einen oder mehrere Wuchspunkte, die genausogut auch fehlen können und andere oder keine Zusammenfassungen haben. Füllige, reduzierte, grafische Werkstücke sind möglich. Daneben kann es Abstrahiertes und Verfremdungen geben, wenn der Naturaspekt dabei vorrangig bleibt.

Nicht vegetative Gestaltung

Die nicht vegetativen Gestaltungswege zeigen eine Reihe von Möglichkeiten, die von fülligen, dekorativen bis hin zu grafischen und formalen Arbeiten reichen. Der Aspekt des Abstrahierens kann ebenso enthalten sein wie der des Verfremdens. Die vegetativen Gestaltungswege gehen immer von den Gegebenheiten des Wachstums aus. Von vegetativ kann also nur gesprochen werden, wenn die naturhaften Gestaltungsprinzipien ausreichend Berücksichtigung finden. Auf der einen Seite können Werkstücke ohne jeglichen Naturbezug gesehen werden, ja nahezu fremd und künstlich wirken. Auf der anderen Seite ist es möglich den Grad des natürlichen Eindruckes zu steigern, wobei letztendlich nicht alle Elemente des Vegetativen beachtet werden müssen, wie z.B. die Stellung eines Zweiges, die Haltung eines Fruchtstandes, die Anordnung von Früchten und Anderes.

Gelegter, flach gebundener Strauß mit Rudbeckien, Celastrus, Wildem Wein, Duftnessel (*Agastache*)

Im späten Herbst stehen die allerletzten Rosen im Freiland. Schlehenzweige bilden das formgebende Element für Rosenfruchtstände und -blüten sowie Erdbeerbaum.

Werkstücke

Werkstücke

Sträuße und Gebinde

Früchte und Fruchtstände geben Sträußen etwas Spezielles, unerwartet Fröhliches. Mischen sich z.B. einige wenige Stachel- oder Johannisbeerzweige in einen lockeren Sommerstrauß, so suggerieren sie eine gewisse Legerheit und Begriffe wie Gartenfest oder Wochenende. Oder ein anderer Pflanzencharakter bringt eine frische Farbe und Gestalt mit. Pflanzen, die sonst in anderen Zusammenhängen in Erscheinung treten, beleben das Blumenstück nachhaltig.

Besonders gut zu Beerenzweigen passen alle jahreszeitlichen Stauden und Einjahrsblumen. Rosen sind ideale Partner; im Übrigen gibt es viele andere handelsübliche Schnittblumen, die sich gut damit kombinieren lassen.

Im Frühling denkt man nicht an Früchte und es gibt auch noch nichts so richtig Geeignetes. Ab Frühsommer hingegen kann man schon den einen oder anderen Fruchtstand in einen Strauß binden. Wenn im Sommer die ersten roten Waldholunder und Ebereschen reifen, beginnt die eigentliche Fruchtsaison. Und nun gelingen auch Sträuße, die im Wesentlichen von den Früchten bestimmt werden, obwohl Gebinde allein aus Fruchtzweigen möglicherweise eintönig, vielleicht auch etwas starr sein können. Das lässt sich vermeiden, wenn nicht allzu Gleichartiges zusammengestellt und auf Bewegung und verschiedene Größen geachtet wird. Zweige und Stiele mit kleinen und größeren Früchten kommen nicht nur von Sträuchern und Bäumen, sondern auch von Einjährigen und Stauden, die schon verblüht

Ein leichtes Geflecht aus Ton und Gras strukturiert das Gebinde mit Montbretien und Ebereschen.

56

sind. Unterschiedliche Bewegungen und Charaktere, die zusammen passen oder sich kontrastreich ergänzen, ergeben lebendige Zusammenstellungen. Natürlich gehören auch Blumen dazu.

Die Formen der Gebinde sind so reichhaltig wie es sich aus der Persönlichkeit der Pflanzen ergibt. Naturhaftes, scheinbar wie Gepflücktes passt zu allen einfachen Fruchtzweigen: Heckenrosendickichte mit Gräsern und Rudbeckien, Astern und Ähnlichem. Schlehen können gut mit Wasserdost (*Eupatorium*) und Goldrute (*Solidago*) gehen, aber genauso gut auch reizvoll mit Montbretie (*Crocosmia*), späten wildnishaften Nelken oder Liliensorten, die von der Wirkung her einer Wildspezies gleichen. Früchte vermit-

Die nicht frostharten Pflanzen werden ab- und zurückgeschnitten und mit Hagebutten, Lampionpflanze, Agastache, Weißdorn und Schneeball zu einem Strauß gebunden.

teln den Eindruck von Ernte, Ländlichem, Gartenhaften. Das lässt sich so annehmen oder auch kontrastieren.

Fruchtstände zeigen oft mehrere Aspekte, die man je nach Gebindetyp unterschiedlich favorisieren kann. Einmal stellen Zitronen oder auch Granatäpfel ruhende und kompakte Elemente in einem Strauß dar, ein anderes Mal ist eher ihre farbliche und stoffliche Beschaffenheit gefragt oder ihre malerische und sinnliche Ausstrahlung gibt den Ausschlag. Wirkungen können als elegant empfunden werden (Schneebeere *Symphoricarpos*), als opulent (Weintrauben) oder wolkig-luftig und gespinsthaft (Perückenstrauch *Cotinus*), wobei immer mehrere Definitionen möglich sind.

Der Strauß wird frei gebunden, in asymmetrischer oder symmetrischer Ordnung und mit unterschiedlichen Proportionen. Die Konturen sind geschlossen, locker oder stark aufgebrochenen. Kompakte Formen mit Früchten können unter Umständen etwas dick wirken; deshalb sollten sie nicht zu groß ausfallen. Außerdem lässt sich mit kleinen Zweigen, Grasbüscheln und Ähnlichem Abhilfe schaf-

fen. Sträuße aus einzelnen Früchten sind kleinformatig und von eher formaler Natur.

Vielfältige Möglichkeiten ergeben sich durch vorgefertigte Unterformen. Symmetrische und asymmetrische Konstruktionen aus Zweigen, Binsen, Draht oder allerlei Ranken geben Halt und Styling. Fruchtzweige und Früchte sind oft ziemlich schwer; man sollte also bei der Unterkonstruktion auf die reale Statik achten. Es lassen sich viele lustige und interessante Gebilde fertigen: in Form von Gerüsten, an denen etwas hochklettert, Körbchen hängen an langen Stelzen, grafische Linienmuster werden mit körperhaften Früchten kombiniert.

Geschlossene und durchbrochene Gehäuse haben Äpfel und Quitten, Hagebutten und Birnen.

Ganz flache Sträuße kommen für einen Tischschmuck in Frage; dabei ist auf die Wasserversorgung der Stiele zu achten. Gebinde, die überwiegend mit Früchten gearbeitet sind, haben eine ziemlich lange Haltbarkeitsdauer. Dies muss bei der Auswahl der übrigen Werkstoffe beachtet werden. Daneben gilt das Augenmerk einer sauberen Verarbeitung. Man kann gut mit möglichst wenig oder gar keinem Draht, der ins Wasser reicht, auskommen. (Selbst grün lackierter sowie mit Kautschuk abgewickelter Draht wird nach längerer Zeit im Wasser rostig und auch die Vase bekommt Flecken.)

Girlanden und Ketten

Wenn die Jahreszeit fortgeschritten ist und die Früchte und Fruchtstände stabiler, fester und reifer geworden sind, stellten sie einen idealen Stoff für vielgestaltige Kränze und Girlanden dar. Girlanden, auf Schnur oder Draht gebunden, passen für Tische, Türen, Gefäße, Säulen, Geländer, Wände usw. als vorübergehender oder dauerhafter Schmuck. Es ist vorteilhaft solche Werkstoffe zu verwenden, die ansehnlich trocknen oder ansonsten lange haltbar sind. Die Auswahl reicht von einer Art bis zur abwechslungsreichen Mischung aus Ästchen, Zweigen, Blättern, Wurzeln, trockenen oder eintrocknenden Blüten, Fruchtständen und Früchten.

Fädelungen mit nicht zu weichen Beeren, die gut zu durchstechen sind, lassen sich ähnlich wie Girlanden verwenden. Zierlich und gleichmäßig geben sie formalen Werkstücken einen Touch Leichtigkeit und eine verspielte Note. Sie können in Schalen liegen, zum Gehänge werden, einem Gebinde eine heitere Version verlei-

neinander geschobene Kreiszweige und ein Blattkranz deuten die Form an, in die Paprika, Clematis, Schirmtanne und Weißdorn gebunden wurden.

Fruchtgirlande aus Idesia, Pfefferbaum, Hagebutten, Weizen, Paprika, Liguster

hen. Das Auffädeln ist einfach, bei kleinen Früchten aber etwas zeitaufwändig. Da es ein wenig mühevoll ist, vor allem, wenn man mehrere Stücke anfertigen will, sollte auf schön eintrocknende Früchte geachtet werden. Ebereschen, Hagebutten und Bucheckern sind dafür gut geeignete Werkstoffe.

Fruchtkränze

Im Herbst sind Fruchtkränze ein Muss. Binden, Winden, Stecken oder Flechten – je nach Typ des Kranzes und Art der Früchte wird man die passende Technik wählen. Die Proportionen können von schmalen Ringen bis zum üppig dicken Fruchtkranz reichen. Sie sind einige Wochen ansehnlich, können aber je nach Auswahl der Werkstoffe auch eine lange Wintersaison überdauern. Sie sind Blickpunkte, ob sie liegen, an einer Tür oder Wand hängen oder über ein Gefäß gelegt werden. Auch als Gedenkkranz ist ein solches Werkstück ein sinnvoller Schmuck. So verschiedenartig die Technik ist, so vielgestaltig sind die daraus resultierenden Formen. Die Werkstoffe werden einzeln oder zu kleinen Büschelchen zusammengefasst und auf einen Reif gebunden. Unhandliche Früchte oder solche ohne natürlichen Stiel werden angedrahtet. Die traditionelle Art einen Kranz zu fertigen eignet sich für strenge bis lockere Formen. Die Werkstoffe können gleichlang, gestuft oder weit nach außen laufend angelegt werden: Es ergeben sich immer andere Bilder, die zusammen mit der Pflanzenauswahl für eine große Vielfalt sorgen.

Die ursprünglichste Form einen Kranz zu fertigen ist das Winden. Sind die Zweige, Ranken oder Stiele lang genug, muss kein Draht verwendet werden. Mit ein oder zwei biegsamen Zweigen beginnt man, schlingt sie am Ende und Anfang ineinander und windet laufend die Werkstoffe im Uhrzeigersinn. Der Kranz wird mit fortlaufendem Arbeitsprozess immer fester. Nicht zu starre längere Fruchtzweige lassen sich gut integrieren. Einzelne Früchte müssen mit Draht oder auf Holzstäbchen gespießt zwischen den übrigen Werkstoffen befestigt werden.

Auf Strohringe werden angedrahtete, einzelne Früchte oder Fruchtbüschel alleine oder mit anderen Pflanzen gesteckt. Früchte, die eintrocknen, werden besser in Steckmassekranzunterlagen befestigt. Ferner lässt sich einiges haften, manches kleben, wie ein Zopf flechten oder auf einen Ring aufschieben. Nicht die Technik gibt den Ausschlag, sondern die Zusammenstellung der Werkstoffe und ihr Ausdruck, der sie mit dem Formenrepertoire des Werkstückes in Einklang bringt.

Steckarbeiten, Arrangements, Gefäßfüllungen

Die Spätsommer- und Herbstsaison vorübergehen zu lassen ohne Fruchtstände in Körbe, Schalen und Vasen zu füllen ist ein rechtes Versäumnis! In privaten wie in öffentlichen Räumen gibt es viele Gelegenheiten Früchte zu arrangieren, vom kleinen Tischarrangement bis zum größeren Raumteiler, vom Korb auf der Terrasse, dem Balkonkasten oder dem Zweig- und Fruchtbehältnis, das die Gäste im Eingangsbereich begrüßt. Die stilisierte Fruchtpyramide auf dem Hotelbüfett wird durch formale Steckarbeiten ergänzt.

Einzelfrüchte finden mehr als vieles andere eine Entsprechung in symmetrischen Arbeiten. Diese sind flächig oder haben ein ausgeprägtes Volumen und sehen, in strenge Ordnung gebracht, harmonisch mit ebenfalls symmetrischen Früchten aus. Insbesondere dekorative, formale Werkstücke verdanken ihre Wir-

Formales Arrangement mit Liguster, Efeu, Lorbeer-Schneeball, Artemisia

kung weitgehend diesem Umstand. Die Arrangements sind traditionell, sie wirken jedoch paarweise oder auch in Reihungen geordnet nicht althergebracht. Durch das paarweise oder gereihte Anordnen verstärkt sich die Eigenform, lässt sie plastisch und in sich ruhend deutlich präsent sein.

Fruchtstände und Zweige mit Früchten, alle Werkstoffe, die Stiel und Stängel haben, zeigen zweifellos viel mehr Wuchs, Gestalt und Bewegungscharakter als eine Einzelfrucht. Ihre Wirkung, ihr Ausdruck bleibt eher erhalten, wenn sie frei geordnet harmonische Beziehungen untereinander finden.

Die Arbeiten werden von vielen verschiedenen Vorstellungen geprägt: grafisches Linienspiel, Strukturen, die von allerlei Luftigem, Fragilem übersponnen werden, Assoziationen vom Waldrand, Herbsthecken, überwucherte Gräben.

Großzügige Körbe, in die allerlei Begehrenswertes eingefüllt wird: ein Fruchtzweig, ausgefallene Samenstände, diverse schönfarbene Stiele, ein paar Blüten, abgefallene Blätter, ein rotorangefarbener Granatapfel.

Dekorative Arbeiten mit schwungvollem Umriss vereinen eine große Anzahl verschiedenster Gestalten. Die Wirkung ist großzügig und üppig, schmückend, ohne Absicht eines haushälterischen Gebrauchs der Mittel.

Fundstücke und spontane Einfälle ergeben spannungsreiche Kombinationen. Pflanzenteile, in die Ecke geräumtes herbstliches Schnittgut, welches auf den Abraum wartet, bieten anregende Ausgangssituationen. Wurzeln, Strünke, Hülsen und Schoten an verworrenen trockenen Ranken, dicht ineinander gewachsene Zweiggerüste sind ideale Motivgeber, technische Grundlage und formbestimmendes Element eines Werkstückes. In all dem lassen sich fruchtende Zweige verankern; zwischen sie kann man Früchte einbetten, so als seien sie von Anfang an aufeinander abgestimmt.

Freie Formen

Freie Formen

Wachstumssituationen und -szenen sind geeignete Vorbilder und Inspirationsquellen für freie Gestaltungen. Es wird nicht nachgeformt, sondern man bedient sich ihrer, frei assoziierend. Impressionen von Landschaften, ob wilde Landschaft, Kultur- oder Stadtlandschaft; überall kann man Motive und Ideen finden. Ein erweiternder Aspekt ist der »Kulturfaktor«. Es ist anregend sich vorzustellen, woher die Früchte kamen, durch wen und wie sie in die Gärten gelangten, wie man sich ihrer angenommen, sie entwickelt und kultiviert hat. Durch dieses geschichtliche Hintergrundwissen können gestalterische Ideen für freie Formen entstehen.

Herkunft von Früchten

Quitte
(Cydonia oblonga)

Die Äpfel der Hesperiden waren Quitten ebenso wie der zu bräutlichen Gaben und zu Liebesspielen dienende »Apfel«. Um 600 v.Chr. wurden kydonische Äpfel in bewässerten Gärten erwähnt. Vielleicht kam die Quitte von Kreta über Griechenland nach Italien. Wild kommt sie im Kaukasus vor, in Transkaukasien, Armenien, Persien und Kleinasien. »Früher schenkte sich die ländliche Jugend vom Baum geschüttelte Quitten und Körbe voll mit Brombeeren, jetzt müssen es Levkojen und Lilien sein« (bei Properz, Zitat aus: Hehr: Kulturpflanzen, 1911, Seite 249). Zu Columellas und Plinius' Zeiten um 80 n. Chr. waren schon mehrere Sorten bekannt und die reifen Früchte wurden in Zimmern aufgestellt, um diese mit ihrem Duft zu erfüllen.

Granatapfel
(Punica granatum)

Wild ist der Granatapfel im nordwestlichen Indien, in Kurdistan und in Vorderasien beheimatet. Seine Verbreitung im westlichen Mittelmeerraum ist erst nach Einführung seiner Kultur erfolgt. Es gibt ihn in Persien bis zum Schwarzen Meer, wobei unklar ist, ob er dort schon immer wild vorkam oder ob er erst nach seiner Kultivierung verwildert ist. Die Araber, Freunde schöner Blüten und erfrischender Fruchtsäfte, pflegten Granaten mit Vorliebe in ihren Gärten. Der Baum und seine

66

Ein leichtes offenes Volumen wird von elastischen Flechtenzweigen gehalten. Der Granatapfel ist solo und wird nur vom Metallblattkranz betont.

Frucht dienten in Griechenland und in anderen Kulturen den Vorstellungen von Zeugung und Befruchtung. Rufus Festus Avienus (2. Hälfte des 4. Jhr. n. Chr.) bat einen Freund, dessen Schiff aus Afrika kommen sollte, ihm von dort gewachsene Granatäpfel zu schicken, weil sie in Italien so sauer und dort von großer Süße seien.

Erbse
(Pisum sativum)

Wahrscheinlich stammt die Gartenerbse von der *Pisa arvense* ab, die schon in der neolithischen Bronzeperiode wildwachsend in den Hecken und Gebirgswäldern Norditaliens bekannt war. Im ägyptischen Kulturkreis fehlt die Erbse, hingegen wurde sie in Pfahlbauten in der Schweiz und Savoyen gefunden. Bei den Floralien, dem Frühlingsfest der Römer zu Ehren der Göttin Flora Ende April/Anfang Mai, wurden Erbsen unter das Volk gestreut. Sie galten als einfache Früchte.

Pflaume
(Prunus domestica)

Prunus insititia (*Prunus domestica* subsp. *insititia*) war wahrscheinlich ursprünglich in Europa heimisch. Die edlere Pflaume (heute alle unter *P. domestica* mit subsp.) stammt aus Asien. Das Propfen der edlen Pflaume auf Schlehdorn praktizierten schon die Römer, den Namen *Prunus* haben die Römer von den Griechen übernommen. Im österreichisch-türkischen Grenzland wurden Pflaumen in Mengen angebaut.

Hopfen
(Humulus lupulus)

Hopfen kommt heute im Kaukasus, in West-Sibirien, in Zentralasien und in Europa vor. Er wurde bereits früh angebaut; ab Mitte des 9. Jahrhunderts gab es schon Hopfengärten. Hopfen war bereits Hildegard von Bingen und Albertus Magnus bekannt.

Mais
(Zea mays)

Seine Herkunft ist Amerika. Seit Anfang des 16. Jahrhunderts wurde er in Europa ausgesät und war in Deutschland als türkischer Weizen bekannt. Hieronymus Bock, der eines der bekanntesten Kräuterbücher seiner Zeit verfasst hat (1539), sagte vom Mais: »Unser Germania wird bald felix Arabia heißen, dieweil wir so viel fremder Gewächs von Tag zu Tag aus fremden Landen in unsern Grund gewöhnen, unter welchen das groß Welschkorn nit das geringste ist".

Walnüsse
(Juglans regia)

Ihr wildes Vorkommen liegt in Nordpersien, in Belutschistan im nordwestlichen Himalaya und in Sikkim (Nordindien, Himalaya-Gebiet). Der Gebrauch von Walnüssen ist schon frühzeitig aus Fundorten in Pfahlbauten in Wangen, in Neuweiler und in der Schweiz belegt.

Apfel
(Malus domestica)

Der Apfel wurde in neolithischen und bronzezeitlichen Fundstätten nachgewiesen. Das frühe Vorkommen deutet eher auf Sammelobst als auf Kultivierung hin. In der Eisenzeit ist er ebenfalls anzutreffen, zur römischen Kaiserzeit gab es jedenfalls schon Kulturäpfel.

Äpfel, Birnen und ihre Propfreiser werden in frühen Urkunden vor 800 n.Chr. angeführt, also handelt es sich um veredelte Bäume.

Sehen – Assoziieren – Gestalten

Irgendwann gesehene Szenen und empfangene Eindrücke verknüpfen Vorstellungen zu Bildern: der große Ast eines Birnbaumes hängt über einen Gartenzaun, Erntekronen, Feldbuschen, der Früchtekorb, eine Etagere voller Weintrauben und Äpfel und ähnliche Motive. Artefakte der Vergangenheit, Skizzen der Jetztzeit, zeigen, dass Früchten außerhalb der Verwendung als Genuss- und Lebensmittel auch ein malerischer und oft ein symbolischer Wert zu eigen ist. Dabei ist es nicht notwendig, dass Werkstücke ein genaues Abbild des Gesehenen wiederholen oder dass sie historisierende Formen zitieren; dies wäre anachronistisch und langweilig. Doch können wir uns inspirieren lassen von Augenblicken und Situationen, die sich uns einprägen: eine mächtige Buche am Waldrand mit weit zum Boden hängenden Zweigen und daran dicht aufgereiht braun-golden schimmernde Bucheckern. Auf einer alten Fotografie hängt ein Feldbuschen im Flur eines Bauernhauses. Dabei geht es nicht um sentimentale Idyllen; solch einen Feldbuschen kann man in einen völlig anderen Zusammenhang bringen, stilisiert oder impulsiv gearbeitet und völlig frei behandelt. Er ist ein Blickfang in den Monaten September bis in den Winter hinein. Stillleben mit Früchten sind Form- und Farbspiele, die nichts Konventionelles an sich haben müssen.

Der Reiz, der von Fruchtzweigen und Fruchtständen ausgeht, lebt unter anderem vom Kontrast zwischen Grafik (Ast, Stiel usw.) und der Plastizität der Frucht. Allein diese spannungsreiche naturgegebene Verknüpfung vermag das Thema interessanter Werkstücke zu sein.

Es wird nicht vorrangig der Schmuckzweck gefordert. Man kann in einer Arbeit allein den Werkstoffen folgen und ihre Ausdruckskraft sich entwickeln lassen. Die Nichtgebundenheit an eine bestimmte Aufgabe bringt andere Aspekte in den Vordergrund, die sonst eher beiläufig untergeordnet worden wären.

Die Gesamterscheinung und Ausstrahlung des Werkstoffes muss suggestiv dargestellt werden; sie kann dabei bewusst bis hin zum Verfremden verändert werden. Merkmale der Form und der Beschaffenheit können ein eigenständiges Motiv bilden, z.B. indem man ein form- oder texturbezogenes Detail herausstellt. Je nach Charakteristikum dieses Details wird ein Kontrast oder eine angleichende Ergänzung in der Darstellung gesucht.

Die Inspiration durch erdachte Formen, nicht durch Pflanzencharaktere ist eine weitere mögliche Ausgangsposition. Räumliche Figuren, Volumen, konstruierte Strukturen in einen Kontext mit pflanzlichem Werkstoff zu setzen ist spannend und animierend. Der handwerkliche und gestalterische Hintergrund erfährt neue Herausforderungen, weil die Motive, Themen und Möglichkeiten um ein Vielfaches erweitert werden.

Volumen

Ob klein, ob groß, Früchte und Samen besitzen eine ausgeprägte dreidimensionale Plastizität. Man kann von Naturkörperformen sprechen. Viele allerdings sind so klein, dass man diese Tatsache übersieht. Größere Früchte hingegen zeigen deutlich, wie ästhetisch die Formausbildung ist. Spannungsreich sind die Verhältnisse von Kontur und Volumen. Kleine konvexe und konkave Ausbuchtungen sorgen für eine lebendige Oberfläche. Allein schon die in immer wieder abgewandelter Form vorkommende Kugel ist erstaunlich. Sie kann abgeplattet oder nach einer Seite eingezogen sein, länglich wird sie zum Oval oder sie erscheint als perfektes Rund. Ihre Oberfläche ist mit allerlei Strukturen versehen, sie stärken die Form durch Glätte oder schwächen sie ab durch Borsten, Warzen und Höcker.

In Früchten und Samen kann man weitere vielgestaltige Raumkörper sehen: Ellipsen, Rhombenformen, Tetra-, Dodekaeder etc. Die Flächen zwischen den Kanten sind erhaben oder nach innen ausgebuchtet, die Oberflächen sind rau, gerieft, glänzend, gefurcht. In der Gesamtheit betrachtet ergibt sich ein nahezu unerschöpfliches Musterbuch. Sind schon die einzelnen Früchte und Samen so reizvoll, bunt, vielgefächert und bis ins Detail perfekt, so trifft dies in verstärktem Maß für gesamte Fruchtstände zu.

Die Fruchtstände, aus dem ganzen Blütenstand entwickelt, wirken bei der Reife wie eine Einzelfrucht. Sie sind auch ohne enthaltenen Samen bei vielen Pflanzen

er durchbrochene Korb steht auf kleinen üßen und ist mit Fuchsschwanz, Kugeldiseln und Weintrauben gefüllt.

beachtenswert. Die nicht mehr gebrauchten Hinterlassenschaften, der Teil, der die Infloreszenz trug, ist oft noch lange ansehnlich, auch wenn die Samen schon längst ausgefallen sind.

Dazu gehören: Nachtkerze (*Oenothera*), Akelei, Sonnenblume, Spezies von Wildwicken, Mohn, *Aristea*, Epilobium (*Epilobium*). Manchmal scheinen diese Pflanzenteile wie von Silberschmieden gefertigt: präzise und formvollendet sowohl in ihrer Gesamtheit als auch im Detail.

Figuren, Gestalten und Strukturen

Filigrane Gebilde lösen sich vom statischen Schwerpunkt und körperhaftere Pflanzenteile können als Einzelgestalt und in größerer Anzahl eindrucksvoll eine Wirkungsseite ihrer Erscheinung ausspielen. Reihungen unterschiedlichster Ausprägung heben einzelne Merkmale pflanzlicher Charaktere hervor, vervielfältigen sie, frei stehend, hängend oder an ein Gefäß gebunden. Freie sowie formale Strukturen und Unterformen können räumlich oder flächig aus Fruchtständen und -zweigen selbst gebildet sein. Oder Werkstoffe wie Äste, Stiele, Wurzeln und Materialien wie Eisen, Holz, Acrylglas und Ähnliches bilden das statische Element für die fruchttragenden Pflanzenteile.

Die Leitgedanken entstehen aus dem Zusammenhang mit Früchten und können ganz allgemein gehalten sein wie z.B. Herbst- und Erntethemen. Aber vielleicht ist dadurch der Gestaltungsspielraum zu eingeschränkt. Um den Kanon zu erweitern, lassen sich differenziertere Sujets herleiten, Ansätze bedenken, die nicht zwangsläufig auf Früchte gründen, aber dennoch zu ihnen passen. Die jahreszeitlichen Vorgaben bleiben sowieso präsent. Im April oder Mai wird man normalerweise keine Früchte in Erwägung ziehen.

Aus verschiedenen Materialien ist dieses Gefäß gebaut: Metall- und Rindenstücke, Sackleinen, Papier, Wurzelfilz, Fasern u.a. Dazu passen Kartoffeln mit ihren langen Trieben und Früchte von Thuja.

Der Flughafer ist in die Öffnung des Gefäßes aus Grassamen geformt.

Die freien Formen

Die Motive verstehen sich als kennzeichnende Bestandteile und haben unterschiedliche Inhalte. Es kann ein Farbthema dargestellt, Bewegungs- und Gestalterscheinungen können behandelt werden. Der Grundton einer Arbeit wird von Begriffen und Inhalten wie Kontrast, Proportion, Dynamik, Gleichheit, Ungleichheit und Formmotiven bestimmt. Reizvoll ist es das Thema komplexer auszuarbeiten, d.h. auch andere gestalterische Elemente einzubeziehen und einen Gestus des Werkstückes zu entwickeln.

Ein Motiv kann ganz unterschiedlich interpretiert werden.

Beispiel: Ein Werkstück mit dem Thema »Bewegung« kann folgendermaßen interpretiert werden:

Gefäß aus Lehm und Gras. Eukalyptusrinde gibt Kontur und Dynamik, die Palmfrüchte ergänzen die verschiedenen Texturen und das warme Orange von Idesia und Granatapfel leuchten sanft.

Die langhaftenden Hagebutten der *Rosa multiflora* geben dem Zweiggefäß eine monatelange Präsens.

a) Fruchtzweige in dynamischer Wuchs-bewegung, alleine unter sich

b) Fruchtzweige in dynamischer Wuchs-bewegung in Kombination mit einigen wenigen anderen Pflanzenteilen

c) Fruchtzweige in dynamischer Wuchs-bewegung zusammen mit vielen anderen Werkstoffen und Materialien

d) Fruchtzweige werden zu einem gegenständlichen, symmetrischen Körpervolumen. Der charakteristische Bewegungsduktus der Werkstoffe wird dabei insgesamt beibehalten.

e) Fruchtzweige werden zu einem asymmetrischen Volumen.

f) Fruchtzweige werden zu filigranen durchbrochenen Strukturen.

Behältnisse

Alle Arten von Behältnissen herzustellen ist ein erweitertes Aufgabengebiet, das zudem viel Vergnügen bereitet. Auf den Werkstoff abgestimmt sind Materialien und Formen der Behältnisse genauso facettenreich wie diese selbst. Man kann ganz einfach damit beginnen Töpfe, Gläser, Büchsen zu umwickeln, zu bekleben und zu ummanteln. Heu, Stroh, Ranken, Stängel, Blätter, Blütenteile, Früchte und vieles mehr eignet sich dafür.

Mit Vierkantgeflechten oder Maschendraht werden die Formen selbst hergestellt und dann mit Papier beklebt. Die so entstandenen Behältnisformen und Hüllen stellen gute Rohlinge für eine weitere Bearbeitung dar. Dünne Rinde, Blätter, Blüten und vieles andere Pflanzliche wird aufgetragen. Dieses Gut sollte trocken oder doch weitgehend im Trocknen begriffen sein.

Unkompliziert und schnell ist eine gute Wirkung allein durch einen Farb- oder weiteren Papierüberzug zu erreichen.

Gips und Spachtelmasse sind weitere Möglichkeiten des Auftrages. Es lassen sich kleine Pflanzenteile wie Stielchen, einzelne Früchte und Blätter in die Masse stecken. Verwendet man Gips, muss das Einstecken allerdings rasch geschehen, ehe er abbindet.

Werden die Mittel wie z.B. Gips dicker aufgetragen, muss der Unterbau entsprechend stabil sein. Um größeren Formen genügend Festigkeit zu geben, reicht das Drahtgeflecht allein nicht aus, es muss dann mit Spanndrähten verstärkt werden.

Gefäße aus Zweigen, Stängeln und Ähnlichem passen gut zu Früchten. Weitere gestalterische Einflussnahmen ergeben sich durch die Verschiedenartigkeit von Materialien und Werkstoffen, gewachsenen und ungewachsenen. Die Körperhaftigkeit eines Behältnisses kann durch dichtes Veflechten und Verweben betont werden oder es ist im Gegenteil luftig und filigran und nur noch als Idee dem ursprünglichen Zweck verhaftet.

Große Gefäße brauchen einen stärkeren, stabileren Unterbau als er mit Maschen- und Spanndraht gewährleistet ist. Er muss dann aus Stangendraht mit einem Durchmesser von ca. 6 mm bis 8 mm geschweißt werden. Dann kann dicker modelliert werden oder es können stärkere und schwerere Werkstoffe aufgetragen werden.

Einzelne Früchte sind bereits Skulpturen. Es macht Freude solche selbst zu modellieren, um sie mit natürlichen Arten in einer Arbeit zu vereinen.

Das Drahttablett mit Muschelketten ist ein lustiger Platz für den Federapfel, der von Zucchini, Auberginen und einer Passionsblume begleitet wird.

In der Lorbeerschale, die in eine leichte Zweigkonstruktion eingefügt wurde, liegen die aus Gips modellierten Früchte, eine Birne und ein Apfel.

Tätigkeiten und Prozesse

Gestaltungsmotive können auch aus dem Ergebnis eines Vorgangs des Tuns entstehen. Sammeln impliziert das Finden, Auflesen oder Abpflücken. Sammelgut wird ausgebreitet, in einem Gefäß bewahrt oder aufgehängt. Diese Vorgänge können als gestalterischer

Aus Hartriegel geflochtener Korb mit Lehmboden in einem frei stehenden Schlehengeäst. Ranken der Haarblume (*Tricosanthes*), Euonymus und Weißdorn verbinden die verschiedenen Teile optisch miteinander.

Die freien Formen

»Markttasche«. Die von außen gesäte Tasche ist bepflanzt den ganzen Sommer hindurch ein Blickfang. Sie kann aber auch mit langlebigen Früchten und Fruchtständen gefüllt werden. Selbst wenn das Gießen eingestellt wird und das Taschenäußere langsam eintrocknet, gibt es ästhetische Prozesse, die dann in einer Tasche, die beinahe wie ein Tierfell aussieht, ihren Abschluss finden.

Gefäß aus Binsen und Lehm mit einer Füllung von Schlehenzweigen und Pfefferbaum (*Schinus molle*)

Akt verstanden werden, weil nicht wahllos etwas zusammengerafft wird, sondern es ist nach bestimmten Kriterien ausgewählt oder verworfen worden. Die Art und Weise der Aufbewahrung führt ästhetische Momente herbei. Fruchtstände sind in Bündchen rhythmisch, girlandenartig frei oder an der Wand hängend aufgereiht. Früchte sind ordentlich in Kästchen flächig angeordnet oder wahllos bunt durcheinander ausgeschüttet. Insbesondere hier kommen Farb- und Texturwirkungen zum Tragen. Die Tätigkeitsmotive des Ausbreitens, Aufreihens, Bündelns, Anhäufens und Aufhängens bringen ganz unterschiedliche Bilder und Ergebnisse. Dieses Vorgehen hat natürlich nicht zwangsläufig den ursprünglichen Zweck zum Gegenstand. Es geht vielmehr um Darstellung und Ausdruck. Und man wird sich infolgedessen mit der handwerklich-technischen Seite dieser einfachen Vorgänge beschäftigen. Das Ausbreiten von Früchten und Samen ist zwar schön anzusehen, doch man wird sich nicht ausschließlich auf flüchtige Interpretationen beschränken wollen.

Aufreihen kann flächig oder räumlich, nur gelegt, fixiert oder frei beweglich sein. Das Bündeln mag vom simplen Zusammenfassen bestimmt sein, es kann durch die Position und Art der Zusammenfassung gesteigert werden. Anhäufen bringt ähnliche Vorstellungen wie das Ausbreiten, nur im entgegengesetzten Sinn. Der Charakter der Anhäufung wird variieren im Hinblick auf die Wahl und die Behandlung des Werkstoffes. Aufhängen kann von einfacher Art bis zu rhythmischen Gliederungen reichen.

Neben diesen urwüchsigen Aktionen sind Entwicklungsprozesse von Pflanzen weitere Gestaltungsthemen. Die verschiedenen Stadien der Fruchtreife inspirieren mit ihren Veränderungen. Farben der Früchte wandeln sich in viele Zwischenstufen, vom ersten Fruchtansatz bis zum ausgereiften Stadium. Fruchtkörper steigern Volumen und Konturen bis zur endgültigen Form. Je nach Art der Frucht bringt das Stadium des Entlassens der Samen nochmaligen Wechsel: geteilte, aufgeplatzte Fruchtkörper, skelettierte Gehäuse, leere Hüllen. Prozesse in Bewegung zu zeigen ist nur in Ausnahmesituationen möglich. Die Relikte der Prozesse jedoch erlauben diesen interessanten Aspekt in das Gestaltungsgeschehen aufzunehmen.

Beschaffenheit der Werkstoffe

Beschaffenheit der Werkstoffe

Jede Frucht, jeder Fruchtstand ist von einer bestimmten stofflichen Substanz und Qualität, die neben den anderen Eigenschaften für die Gestaltung wirksam ist. Die Oberflächenmerkmale sind nicht immer auffallend und demzufolge werden sie oft nicht so beachtet. Doch sie vermögen den Ausdruck einer Zusammenstellung steigern, einen Akzent setzen. Sie können, gerade bei den so mannigfaltig gebildeten Früchten alleine das Motiv bilden ohne gleich Frucht an Frucht aneinander zu reihen. Der Reiz, der von Stofflichkeiten ausgeht, ist eher ein taktiler denn ein visueller. Zuerst möchte man anfassen, spüren, ob z.B. die feste Haut einer Frucht wirklich so glatt ist, ob sich jene Borsten, die gar nicht stachelig sind, tatsächlich auch so weich anfühlen. Texturen optisch spüren zu lassen ohne die Werkstoffe anzufassen, verlangt ein genaues Hinsehen. Es gehört viel Beobachten und gutes Gespür dazu, um Fedriges mit Seidigem zu mischen und das Metallische gegen das Samtige zu setzen.

Weich und saftig

Weich und saftig sind z.B. Johannisbeeren, Himbeeren, Brombeeren, Stachelbeeren, Kirschen, Trauben, Erdbeeren und Blaubeeren. Unter diesen Früchten gibt es selbstverständlich Unterschiede. Die Johannisbeere erscheint nicht alleine saftig, sondern auch glasartig. Die Himbeere ist eher stumpf und weich, während die Brombeere durch Farbe und leichten Glanz fester, härter modelliert ist.

Weiche, saftige Früchte werden hauptsächlich von Vögeln gefressen und durch sie verbreitet. Viele dieser Pflanzen sind in ihrer Wildform zu Genusszwecken gesammelt worden. Sehr früh schon wurden sie kultiviert sowie in Größe und Ertrag verbessert. Sie geben früh- und mittsommerlichen Körben, Schalen und Tischschmuck eine besondere Atmosphäre. Brombeeren und Trauben können bis in den Herbst hinein Üppigkeit vermitteln.

Kleines Gebinde mit Johannisbeeren, Fuchsien, Rosen, Aeonium, Brombeeren, Dioscorea und einer Lehmeinfassung. Unterschiedliche Texturen bilden reizvolle Kontraste.

Die Beschaffenheit der Werkstoffe

Allein in eine Schale gefüllt glänzen die orangeroten Paprika. Sie sind begleitet von Kastanien und Zierkürbissen. Es sind warme und leuchtende Farben für graue Herbsttage.

Fest und fleischig

Fest und fleischig sind weniger die Beeren, sondern vielmehr Stein- und Kernobstfrüchte wie Zwetschgen, Äpfel, Birnen und Quitten. Sie zeichnet, vor allem wenn sie nicht vollreif sind, eine ziemlich stabile Epidermis und eine recht gute Haltbarkeit aus. Besonders schön sind die kleinen Äpfel und Birnen von den die Landstraßen säumenden Bäumen. Selten werden sie geerntet, so dass man nach den farbigsten Sorten Ausschau halten kann. Aber auch die Tafel- und Wirtschaftsäpfel nehmen eine besondere Stellung ein: glatt, glänzend oder matt, einfarbig und bunt, in vielen Sorten den Winter über haltbar und etwas duftend. In der Substanz fest und haltbar vermitteln sie den Eindruck von Sommerende sowie Erntezeit. Was ist die Adventszeit ohne rotbackige Äpfel? Sie sind bis um Weihnachten und Mittwinter Formgeber und Sinnbildträger.

Wegen ihrer blau-violetten Farbe mit einem sanften Hauch von Reif darüber sind Zwetschgen optisch attraktiv, insbesondere wenn sie am Zweig hängend Verwendung finden. Hier ist es wichtig keine vollreifen Früchte zu nehmen, denn sie würden dann zu rasch abfallen. Ihre Haltbarkeit ist also beschränkt, aber ihr harmonischer Blauton ist eine hervorragende Ergänzung zu Pastell- und kräftigen Rotorangetönen.

Ziemlich dauerhaft dagegen sind die Hagebutten. Je nach Art, Sorte und somit Färbung sind sie glatt, matt oder etwas glänzend. Die kleinen Apfelfrüchte des Weißdorn haben eine feste Substanz und leicht glänzendes Weinrot. Ähnlich in der Stofflichkeit sind Schlehen; statt des Glanzes zeigen sie eine fein bereifte Oberfläche. Mispeln sind ebenfalls fleischig-fest, in der Textur eher stumpf, wozu ihre grünlich-braune Farbe beiträgt.

Holzig, hart, glatt oder gefurcht

Nussschalen sind gefurcht wie bei Walnüssen, glatt wie bei Haselnüssen oder borkig wie bei Erdnüssen. Stachelig, so dass man sie kaum anfassen kann, sind die

Kleine Schale aus Artischocken-Kelchblättern mit Früchten von Pangra (*Entada phaseoloides*) und einem Gingko-Ring. In der Zweigschale mit angedeuteter sternartiger Einfassung sind Walnüsse.

Schalen der Esskastanien; zusammen mit ihrem glänzenden Inneren präsentiert, zeigt sich ein schöner Kontrast.

Viele Samen werden von ledrigen Fruchtkörpern umschlossen oder sind mit Flügeln versehen. Dazu gehören Ahorn, Erbsen- und Bohnenschoten, wenn sie reif sind. Kürbisse passen trotz ihrer leuchtenden Farben auch zu diesen Lederhäutigen.

Holzig wirken Zapfen, Erlenfrüchte, Kokosnüsse, die allerdings noch die äußere Wandschicht, das Exokarp besitzen sollten. Die große Familie der Mimosen (*Acacia*) bildet sehr unterschiedlich geformte Schoten, die holzig oder ledrig erscheinen. Wenn Eicheln und Bucheckern braun geworden sind, sehen sie wie poliertes Furnier aus. Iriskapseln sind durch ihre Substanz sowie das schöne Braun kleine »gedrechselte« Kunstwerke. Viele subtropische und tropische Fruchtstände sind holzig: *Banksia*-Arten, *Leucadendron*-Arten und *Leucospermum*-

Arten, die Schließfrüchte des Kakao und die Deckelkapseln der Paradiesnüsse (*Lecythis*). Holzig und doch leicht sind die blütengleichen Holzrosen (*Argyreia nervosa*). Sehr große harte Schoten und ebensolche Samen haben die Pangra (*Entada gigas*).

Glasartig, porzellanartig und wie glasierte Keramik

Die sehr überzeugenden Beispiele glas- und porzellanartiger Texturen bei Blüten finden keine häufigen Parallelen bei Früchten. Einige gibt es dennoch wie Schneebeere (*Symphoricarpos*) und Torfmyrthe (*Gaultheria*), wozu ihre feine Farbigkeit und der leichte Glanz beiträgt. Wie glasierte Keramik können Zitronen und Orangen aussehen, vor allem, wenn die Stofflichkeit im Zusammenklang mit entsprechenden Gefäßen steht. Erdbeeren, Pampelmusen und Kaki haben Oberflächen von ähnlicher Substanz.

Glänzend metallisch

Die kleinen Fruchtdolden von Lorbeerschneeball (*Viburnum tinus*) blitzen in metallischem Glanz auf. Der Liguster in Schwarz und die Kermesbeere in Schwarz-Violett können eine metallische Wirkung unterstreichen. Der windende Indische Spinat (*Basella*) hat ebenfalls kleine schwarze, schimmernde Früchtchen an violetten Stängeln.

Wollig und haarig

Wollige, haarige und damit verwandte Texturen zeigen Clematisfruchtstände und Küchenschelle (*Pulsatilla*). Durch die Blüte im März/April sind die Fruchtstände der Küchenschelle schon im Frühsommer reif. Sehr auffallend ist Baumwolle mit den dichten weißen Samenhaaren. Allerdings sind ihre Zweige etwas steif und die geöffneten Kapseln sehen aus als wären sie mit Watte gefüllt, was ja auch zutrifft. Sehr elegant sind die Federgräser (*Stipa*) mit langen seidig behaarten Grannen.

Spätherbstlicher Strauß aus Buchen- und anderen Zweigen, Viburnum, Schneeball, Rose, Salvie und dicken violetten Akebia-Früchten.

Pergamentartig und packpapierartig

Manche Arten der Kreuzblütler (*Cruciferen*) besitzen eine durchscheinende Scheidewand, die besonders attraktiv bei Mondviolen (*Lunaria*) und Schildkresse (*Fibiga*) ist. Robust ist der zur Laterne gewordene Kelch der Judenkirsche. Der Hopfen wartet mit kleinen flügelartigen »Papier«-Trageblättchen auf.

Stachelig

Stachelig sind die bereits erwähnte Esskastanie und der Stechapfel (*Datura stamonium*). Die Früchte des Feigenkaktus (*Opuntie*) verbinden kleine ziemlich heimtückische Stächelchen mit einer weichen Außenhaut.

Feigenkaktusfrüchte sind ohne Wasserversorgung lange haltbar. Hierzu passt eine Schale aus Erde.

Ein Hauch von Wachs

Wachsartig sind die klebrigen Beeren der Mistel. Hier ist sehr schön zu sehen wie sich zwei unterschiedliche Texturen ergänzen. Das »Leder« der olivgrünen Blätter steht im Kontrast zu den weißen wachsartigen Kügelchen. Die weißen Beeren des Christophskrauts (*Actaea*) sind ebenfalls wachsartig wie die seltene weiße Form der Schönfrucht (*Callicarpa*).

Es gibt viele Fruchtstände und Früchte, die mehr oder weniger indifferent in ihrer stofflichen Wirkung sind. Vogelbeeren z.B. können einmal matt sein, dann wiederum glänzen und recht frisch wirken. Das liegt an der Ausfärbung, dem Reifegrad und schwankt nach Art und Sorte. So liegt ihre Erscheinung zwischen ledern und glatt, zwischen glasierter Keramik und dickem opakem Glas.

In der Floristik ist die unbestimmte Texturbeschaffenheit von Früchten und Fruchtständen häufig, zum einen, weil die Stofflichkeit mehrere Deutungen zulässt, zum anderen, weil die Kombination von verschiedensten Pflanzen ursprüngliche Wirkungen verwischen und verändern kann.

Stofflichkeiten als Hauptmotiv zu wählen verlangt eine reiche Auswahl und eindeutige Kriterien. Die Früchte und Fruchtstände sollten diesbezüglich klar definiert sein, um eine überzeugende Aussage zu machen.

Sind Johannisbeeren z.B. glasartig, so wird dieser Effekt durch das Holz der Zweige relativiert. Die Zweige sind rustikal, etwas steif und von schwärzlichem Braun. Will man das Durchscheinende und Glasartige der Beeren als wesentlichen Faktor einsetzen, muss man die rustikale Wirkung der Gesamterscheinung abschwächen.

Im Gegenüberstellen der Texturen kann ein lebendiges Spiel der Ergänzungen und Kontraste entstehen wie sie die Natur gelegentlich selbst bereithält.

Die Maronenfrüchte mit ihrem schimmernd glatten Braun werden von einer sehr spitzstacheligen Schale umschlossen. Rosskastanien zeigen einen ähnlichen Kontrast. Die Seidenpflanze (*Asclepias*) besitzt in ihrer großen blasigen, etwas borstigen Frucht Samen mit langen Seidenhaaren. Der Granatapfel birgt in seiner ledrig erscheinenden Hülle eine Vielzahl kleiner vom funkelnd gallertartigen Fruchtfleisch umgebene Samenkörner.

Vorkommen

Vorkommen

Neben dem Betrachten der Pflanzen-Charakteristika ist es aufschlusreich zu wissen, wie und mit wem sie wachsen. Das naturgegebene Vorkommen, aber auch das geplante Wachstumsgeschehen ist gleichermaßen interessant. Schon im Juni gibt es die ersten Früchte: Christrose (*Helleborus*), Johannis- und Erdbeeren. Sehr hübsch sind die kleinen Monatserdbeeren. Wenn man von Johannisbeersträuchern ein paar Zweige entbehren kann, sehen sie zusammen mit Gartenblumen unbeschwert und fröhlich aus. Im Sommer haben schon viele Stauden ihre Samenstände ausgebildet. Noch grün oder schon braun zeigen sich die unterschiedlichsten Früchte. Heimische Einjährige und Stauden sind meistens nicht besonders auffallend, wenn man von einigen Doldengewächsen (*Apiaceen*) absieht.

Für alle aber gilt, dass nur wenig Vorhandenes nicht abgepflückt werden sollte. Unter Naturschutz Stehendes ist sowieso tabu. Die auffallenderen Pflanzen sind eher nicht heimischen Ursprungs und vor allem in Gärtnereien, Sammlungen und Hausgärten zu finden. Daneben bietet der Markt eine Reihe schöner Fruchtstände und Früchte. Sie werden für Schmuckzwecke oder auch für den Genuss angebaut oder eingeführt. Für eine Anzahl von ihnen gelten beide Verwendungsmöglichkeiten.

Acker und Feldrand

Es gibt unter den Unkräutern schöngeformte Fruchtstände, wie z.B. Hirtentäschelkraut und Ackerhellerkraut. Am Standort nicht sehr auffallend, sind sie im Einzelnen betrachtet fein gegliedert und können in Menge verwendet durchaus Eindruck machen. Nicht ausgereift sind die Früchtchen von sanftem Grün. Die Pfeilkresse zählt mit ihren kleinen Perlensamen ebenfalls zu den attraktiven Kräutchen. Das Labkraut ist nicht nur blühend sehr ansehnlich, sondern auch im fruchtenden Zustand schleierartig filigran. Die Fruchtstände der wilden Möhre, der Pastinake, des Wiesenkerbels, des Wiesenbärenklaus sind von schönem

Linienspiel und sie besitzen grafische oder auch füllige Wirkung, je nach Typ und Verwendung. Die grünen, später braunen Fruchtstände des Mädesüß stellen einen Werkstoff zum Füllen dar. Sie eignen sich nicht zum Trocknen, denn die olivgrünen Samenkügelchen fallen rasch ab.

Nachtkerzen besitzen streng aufrecht wachsende Infloreszenzen mit weit auseinander geklappten Kapseln, wenn die Samen ausgefallen sind. Ebenso aufrecht, doch viel schlanker ist der Fruchtstand der wilden Resede. Er trocknet, rechtzeitig geerntet, grün ein. Königskerzen sind aufstrebende Gestalten.

Auf einen Kranzreifen gebundener Weizen: Dicht anliegend und locker ausschwingend wirkt er wie ein Bund Ähren vom Feld.

Das Johanniskraut hat rötlich-braune Doldenrispen, wenn sie in Reife übergehen. Die Früchte des Klappertopfes werden zu trockenen Kapseln; im unreifen Zustand sind sie von hellem Grün. Der Klatschmohn produziert viele kleine Mohnkäpselchen. Wilder Majoran, an sonnigen trockenen Stellen wachsend, besitzt zu dunklem Violett-Braun tendierende Fruchtstände. Sauerampfer ist schön, wenn er blüht, und er besitzt einen attraktiven Fruchtstand. Kardendisteln wirken ornamental; man kann sie an Schuttplätzen, Bahndämmen und Wegen finden.

Vom Ackerrand sind die kräftigen Stiele des Raps zu holen und Gerste, Weizen, Hafer, Roggen oder ein paar Maiskolben werden sicher auf freundliches Bitten hin vom Landwirt nicht verweigert.

Schötchen an langen Stielen lassen die Fruchtstände des Weidenröschens silbrig erscheinen. Der bittersüße Nachtschatten hat lange, gelegentlich etwas windende Stiele mit roten Beeren.

Wald

Der rote Holunder ist eine typische Pflanze der Waldlichtungen. Man muss sich beeilen, will man einige Zweige holen. Als erste Waldfrüchte sind sie von Vögeln

schnell abgeerntet. Im Übrigen kann man den Vögeln die Dolden getrost überlassen, denn dieser Holunder ist nicht besonders haltbar (auch wenn er ins Wasser gestellt wird). Er verführt einfach durch sein schon im Juli das Laub durchleuchtende Rot.

Eine sehr verlockende Pflanze ist die Tollkirsche mit lackschwarzen Früchten an reich verästelten Stängeln. Da sie ziemlich giftig ist, sollte man sich ihrer nur am Standort erfreuen.

Am Waldrand zieht sich Clematis durch die Büsche hoch zum Licht. Ihre fedrigen Fruchtstände sind überaus schmückend. Wenn sie reif sind, werden ihre Haare weiß und wollig, fallen dann rasch auseinander und verstreuen die Samen mit den langen Grannen. Sie müssen ausgebildet, jedoch noch grün geschnitten werden.

Mahonie, Rotbuche, Artemisia, Euonymus

Brombeeren und Himbeeren sind schön in der Sommermitte. Sicher sind sie einfacher aus dem Garten als vom Wald zu beschaffen. In jedem Fall sind ihre Färbung und der Wuchs beachtenswert. Freistehend oder am Waldrand sind die kräftig orangeroten Vogelbeeren angesiedelt. Im Norden kommen sie häufiger als im Süden vor. Sie werden auch als Schnittzweige im Handel angeboten. Der Ahorn zeigt seine hellgrünen, später braunen Flügelfrüchte. Ebenfalls an Waldrändern sind Hainbuchen zu finden mit den hängenden papiernen Fruchttrauben. In manchen Jahren gibt es Bucheckern und Eicheln im Überfluss. Beides, die weichborstigen Fruchtbecher der Buchen wie die gestielten Becherchen der Eichen, ist schön für adventliche Floristik geeignet.

An feuchten Gräben und an Bachläufen sind Erlen mit ihren kleinen »Zapfen« zu finden. Grün und geschlossen oder braun und offen sind sie für die Adventsfloristik beliebt. Zapfen von Fichten, Kiefern und Lärchen runden die Waldwerkstoffe ab.

Hecken

In freiwachsenden Feldrainen gibt es eine Reihe von Sträuchern mit auffallendem Fruchtschmuck. Grundsätzlich ist darauf zu achten nur wenig zu nehmen. Oft werden solche Hecken allerdings ziemlich radikal gestutzt. Wo dieses im späten Winter geschehen wird, kann vorher getrost geerntet werden.

Schlehen wachsen in wilden und angepflanzten Hecken. Manches Jahr sind sie reich mit blauen Früchten besetzt, in einem anderen Jahr gibt es kaum welche.

n Gefäß aus Fichtenrinden ist mit chneeballfrüchten, die die Form fortsetzen, gefüllt. Sie stehen im Wasser, wodurch as Werkstück wochenlang ansehnlich leibt.

Die Kiefernzapfen wurden, mit der Spitze nach unten, fortlaufend mit dünnem Spanndraht zur Schale geformt.

In eine Glycerinmischung einge-stellte belaubte Cistrosenzweige tragen in einem eingebauten, ver-deckten Gefäß eine Füllung aus Ebereschen.

Schneeball wächst dort, wo es etwas feuchter ist; er hat rot glänzende Früch-te. Viburnumfruchtzweige werden an-gebaut und gehandelt. Dichte Hagebut-tenhecken wetteifern mit schwarzen besetzten Ligustersträuchern, kräftig leuchtend rot und schwarz: eine schöne Kombination. Das aufregend karmin-orangefarbene Farbspiel des Pfaffenhüt-chens sollte man am Standort nur anschauen, denn die Pflanzen stehen unter Naturschutz. Man kann sich einen oder mehrere Sträucher in den Garten, frei oder in einer Hecke, setzen, will man etwas ernten. Im Übrigen fressen Vögel sehr gern die mit der orangefarbenen Samenhülle (Arillus) umkleideten Samen. Es gibt auch eine weißfrüchtige Sorte, die sich hübsch neben der normalen karminroten ausmacht. Holunder mit lackschwarz-violetten Früchten wirkt großzügig und opu-lent. Vögel fressen sie sehr gerne, deshalb sollte man nur das unbedingt Nötige holen. Die Beeren färben stark, wenn sie gequetscht werden, deshalb sind sie im vollreifen Zustand nur bedingt brauchbar. Außerdem sind die geschnittenen Fruchtzweige nicht besonders lange haltbar. Weißdorn hingegen ist ziemlich dau-erhaft mit glänzend roten Steinfrüchtchen. Seine Zweige sind stark bewehrt, was seine Verwendung einschränken kann. Der wollige Schneeball bekommt rote, spä-ter schwarze Fruchtstände.

Die Früchte dieser Gehölze sind oft über längere Zeit haltbar; sie passen sehr gut zu landschaftlich sowie jahreszeitlich inspirierten Arbeiten. Einige von ihnen werden zur Saison regelmäßig im Handel angeboten. Bei der Ernte aus der Natur sollte man auf jeden Fall den Naturschutz beachten, keinen Raubbau betreiben

Gebundener Kranz aus Früchten der Oran-genkirsche (*Idesia polycarpa*)

und sich gegebenenfalls vorher um eine Erlaubnis bemühen, etwas holen zu können.

Garten

Bäume und Sträucher

Heimische schön fruchtende Gehölze sind nicht allzu häufig in Gärten anzutreffen, ausgenommen vielleicht Eberesche (*Sorbus*), Liguster und Pfaffenhütchen (*Euonymus*). Ist genügend Platz im eigenen Garten vorhanden, kann man Fruchthecken mit den vorgenannten anlegen, die nach einiger Zeit ziemlich raumgreifend werden können.

Die Auswahl an Pflanzen mit Fruchtschmuck ist enorm groß, oft wiederholen sich aber immer dieselben Arten.

Zieräpfel mit vielen Sorten in Gelb, Orange und Rot reifen ab August. Klein, groß, früh abfallend oder bis in den Winter hinein haftend – für jeden Geschmack gibt es den richtigen Baum oder Strauch. In etwas geschützter Lage und auf nicht sehr lehmigen und kalkhaltigen Böden wächst die Schönfrucht (*Callicarpa*) mit pfefferkorngroßen violetten Beeren. Es gibt auch eine weißfrüchtige Sorte. Der Trompetenbaum (*Catalpa*) ist eher ein Baum mit schmalen, stielrunden Kapseln, die lange in den Winter hinein haften bleiben. Der Baumwürger (*Celastrus*) ist ein starker Schlinger mit auffallenden rot-gelben Kapselfrüchten. Um sie zu bekommen, braucht man eine weibliche und eine männliche Pflanze. Quitten sind nicht nur für die Küche gut geeignet, ihre leicht flaumigen Früchte füllen einen Raum mit ihrem Duft. Cotoneasterarten sind reich mit roten Früchten besetzt. Ihr Wuchs kann fächerig, steif, weich oder hängend sein.

Schaumige Fruchtrispen besitzt der Perückenstrauch. Sie sind endständig und daher ziemlich auffallend, insbesondere wenn der Strauch seine flammendrote Blattfärbung bekommt. Der Perückenstrauch (*Cotinus*) ist in Südeuropa bis zum Himalaya beheimatet.

Selten findet man *Decaisnea* im Garten angepflanzt. Die Früchte sind weich, fleischig, etwas wurstförmig, meist zu dritt und von überraschendem Blau. *Ilex* ist der Weihnachtswerkstoff per se. Seine dunkelgrün glänzenden oder bunten Blätter stehen in kräftigem Kontrast zu seinen roten Beeren. Mahonienfrüchte sind leicht bereift und von einem weichen Blau. Die Beeren werden normalerweise früh

mbeerzweige zeigen ihre filigrane Wuchs-
rm in einem landschaftlich geprägten
erkstück. Sanftrosafarbenes Schleierkraut
d wenige Blütenstände der Waldhortensie
gänzen sie.

von Vögeln abgeerntet. Weniger im Garten, für den sie einfach zu groß werden, als vielmehr im Park finden sich Platanen. Ihre Früchte sind hängende ocker-braune Kugeln, in denen die Einzelfrüchtchen mit Haarkranz vereint sind.

Zier- oder Scheinquitten (*Chaenomeles*) sind schön blühende Sträucher mit ziemlich dornigen Zweigen. Ihre Früchte sind klein, gelb, oft mit orangefarbenen Punkten versehen, duftend und sie bleiben lange am Strauch hängen. *Colutea*, der Blasenstrauch, ist nicht besonders attraktiv. Sein Wuchs ist sparrig, seine blasi-gen Hülsen hingegen recht hübsch, insbesondere wenn die Zweige dicht damit besetzt sind. Efeu (*Hedera helix*) blüht in der Altersform recht spät, erst im Sep-tember/Oktober. Seine Früchte werden dann im darauf folgenden Jahr reif und färben sich schwarz.

Aus dem Obstgarten holt man sich Äpfel, Birnen, Zwetschgen, vielleicht Wein-trauben. An ihren Zweigen wirken sie alle besonders ansehnlich.

Sorten und Spezies von Rosen tragen teilweise sehr auffallende Hagebutten.

Stauden und Einjährige

Nicht nur Gehölze, sondern auch Stauden und Einjährige zeigen Fruchtschmuck.

Die Lampionblume (*Physalis*) ist auffallend mit ihren orangeroten Lampions. Schwarz mit violettem Stiel ist die Kermesbeere (*Phytolacca*). Die Übelriechende Schwertlilie (*Iris foetidissima*) ist etwas für Liebhaber. Zur Irisblütezeit wirkt sie gar nicht mit ihren unscheinbaren Blüten. Ihr Auftritt kommt im September, wenn die Kapseln aufspringen und die Samenkörner mit dem orangefarbenen Arillus freigeben. Entfernt hat die Giftbeere (*Nicandra*) Ähnlichkeit mit Judenkirschen. Das ist verständlich, wenn man weiß, dass beide Pflanzen aus der Familie der Solanaceen stammen. Ihre Früchte sind aber kleiner und grün; es gibt eine Sorte mit schwärzlichen Stielen (etwas giftig).

Akanthus (*Acanthus*) verändert wenig seine Erscheinung, wenn die Samen rei-fen. Die luftigen Kugeln der größeren Laucharten sind schön für eine Einzelstel-lung oder wenn sie so dargestellt werden wie sie sich etwa im frühen Herbst prä-sentieren. Dann kippen die Stängel, brechen und entlassen die Kugeln, die als fra-gile Bälle von anderen Pflanzen festgehalten werden.

Die vielblütigen Waldgeißbart (*Aruncus*) bilden zuerst grüne, später dunkel-braune Fruchtstände.

Die Leopardenblume (*Belamcanda*) hat verzweigte Fruchtstände mit kleinen Kapseln, in denen reichlich glänzend schwarze Samenkörner sitzen.

für ein Entrée oder Büfett ist das Ernte-
stillleben gedacht: Wirsing, Lauch, Äpfel,
Birnen, Kumquats, Thymian, Wein, Schalotten und Zwiebeln von Herbstzeitlosen

Sonnenblumenscheiben mit oder ohne Samen sind durch ihre ornamentale Erscheinung für viele Werkstücke gut. Helleborusfrüchte gibt es schon zu einer Zeit, in der noch gar nicht an Ernte gedacht wird. Die blasig vergrößerten Balgfrüchte sind schön für frühsommerliche Arbeiten, in grünen und etwas violettweinroten Tönen. Die zapfenähnlichen Deckblätter des Hopfen sind leuchtend hellgrün und auffallend. Staudenmohn hat kleine, der einjährige Gartenmohn ausgeprägtere Mohnkapseln.

Beim Brandkraut (*Phlomis samia*) sitzen die Blüten und später die Früchte in übereinanderliegenden Quirlen. Sie sind lange haltbar und von sanftgrüner, später brauner Farbe. Von der Fetthenne (*Sedum spectabile*) kann man noch lange in den Winter hinein die dunkelbraun-rötlichen Fruchtstände holen. Die chinesische Wiesenraute (*Thalictrum dipterocarpum*) und die gelbe Wiesenraute (*Thalictrum flavum* ssp. *glaucum*) besitzen filigrane, ganz leichte Fruchtstände, die, speziell letztere, eine beachtliche Länge haben.

Stachelige Kapseln hat der kosmopolitische weiße Stechapfel. Er ist einjährig und sät sich an warmen Stellen gelegentlich selbst aus.

Zierkürbisse mit den vielen Formen und lebhaften Farben sind ein Muss für den herbstlichen Garten, den fröhlichen Tischschmuck zu Erntefesten, die üppigen Gartenkörbe. Der Aronstab hat einen Fruchtkolben, der zahlreich mit orangeroten Beeren besetzt ist. Insbesondere der italienische Aronstab (*Arum italicum*) ist sehr dekorativ und wird meist im Schnitt angeboten. Als Pflanze ist er etwas winterempfindlich.

Rizinus (*Ricinus*) ist ein kräftiges großes Kraut mit handförmig gelappten Blättern und rispigen Fruchtständen, welche mit weichborstigen Kapseln besetzt sind. Die enthaltenen Samen jedoch sind sehr giftig. Insbesondere Kinder sollten von Rizinus Abstand halten.

Mediterrane Früchte und Früchte der Tropen und Subtropen

Citrusarten sind hervorragende Obst- und Ziersträucher. Sie passen gut zu südlich inspirierten aber auch zu vielen anderen Arbeiten. Besonders malerisch sind die fruchtenden Zweige mit einigen Laubblättern.

Die Kakifrucht kommt aus China und Japan. Die Beeren sind ca. 7 cm groß und reichen farblich von Gelb bis zu Rotorange. Das viergeteilte Kelchblatt, das an der Frucht verbleibt, findet man oft stilisiert im ostasiatischen Kunsthandwerk.

Ebenfalls aus Ostasien stammt die Orangenkirsche (*Idesia polycarpa*), deren traubenartige hängenden Beeren gelegentlich im Handel angeboten werden. Ihre Farbe bleibt lange bis in den Winter hinein erhalten.

Als klassisches Symbol der Fruchtbarkeit gilt der Granatapfel. Die Früchte sind gelb bis rot, sehr fest und auch noch im getrockneten Zustand beachtenswert. Er gehört inzwischen zum Standardsortiment des Winterhalbjahres genauso wie der Pfefferbaum (*Schinus molle*). Dessen dünne überhängenden Zweige mit feingefiederten Blättern tragen in dichten Büscheln himbeerrosafarbene Steinbeeren. Der Pfefferbaum ist von Peru bis Uruguay beheimatet und ist im Mittelmeerraum als Park- und Straßenbaum häufig zu finden.

Im Herbst gibt es ab und zu die Fruchtrispen von *Melia azedarach* mit grünen, später gelben Beeren zu kaufen. Der Baum kommt vom Himalaya, aus Indien und China und wird häufig als Nutzholz und Parkbaum in entsprechenden Klimaten angepflanzt. Die Dattelpalme (*Phoenix dactylifera*) ist die Palme mit den bekannten Dattelfruchtständen. Eine andere Palmenart, die Hanfpalme (*Trachycarpus fortunei*), zeigt je nach Reifegrad grünliche bis bläulich-schwärzliche Beeren an rispigen Fruchtständen.

Von der bekannten Kokosnuss wird häufig das halbierte Endokarp angeboten, eine halbkugelige kleine Schale. Schön ist die ganze Kokosnuss mit dem gesamten Exokarp. Zierpaprika mit seinen vielen Kulturformen ist sehr belebend für etwas rustikalere Zusammenstellungen oder solche, bei denen Leuchtkraft erwünscht ist. Paprika trocknet ansehnlich ein und eignet sich gut für Girlanden und Ketten.

Seit einigen Jahren gibt es eine Anzahl lustiger kleiner Gurkenarten wie z.B. *Cucumis metuliferus*, *Cucumis anguria*, *Cucumis zeyheri*. Es sind sehr lang haltbare ovale bis rundliche Beeren mit Streifen, Mustern, Borsten oder weichen Höckern. Sie sind vorrangig in Afrika beheimatet. Ihre Farben reichen von Gelbgrün über Grün zu Grünbraun.

Unter den exotischen Trockenwerkstoffen kann man eine Reihe interessanter Früchte finden. Von südafrikanischen Akazien werden Schoten der verschiedensten Arten angeboten: *Acacia versicolor*, *Acacia ataxantha*, *Acacia nilotica* (Ägyptischer Schotendorn). *Abrus precatorius* ist ein Kletterer mit kleinen knallrotschwarzen Samen in den gebündelt angeordneten Schoten. Die Holzbirne ist eine

Proteacee aus Australien; ihre holzige Frucht erinnert entfernt an eine flache längliche Birne (*Xylomelum pyriforme*). Ebenfalls aus Australien stammen *Hakea*-Arten, die ihre Samen oft erst nach einem Buschfeuer entlassen.

Der Deckeltopfbaum (*Lecythis zapucajo*) aus Brasilien hat ziemlich große harte Deckelkapseln an langen Stielen.

Die riesige Seychellennuss (*Lodoicea maldivica*) ist eine ausdruckstarke pflanzliche Plastik. *Sterculia*-Arten haben interessante Früchte; der bekannteste Vertreter ist der Kakaobaum (*Theobroma cacao*) mit seinen großen direkt am Stamm hängenden Schließfrüchten.

Fruchtähnliche

Fruchtähnliche

Glanzmispel

Eine Reihe von Nutzpflanzen werden häufig als Garten- oder Feldfrüchte bezeichnet, obwohl die betreffenden Teile keine Fruchtstände, sondern vielmehr Blütenköpfe, Wurzelgebilde und Sprosse sind. Allen gemeinsam ist, dass sie zum Verzehr angebaut werden. Bei ihrem Anblick kann man mitunter die Verwendbarkeit in der Küche vergessen und sie wegen ihrer interessanten Form und weiterer Eigenschaften als Stimmungs-, Form- sowie Farbgeber einsetzen. Kartoffeln gehören dazu, Zwiebeln und verschiedene Rüben. Gelegentlich passt auch ein kleiner Kohlkopf zum Repertoire. Vor allem bei rustikalen spätsommerlichen und herbstlichen Arbeiten sind diese »Früchte« willkommen.

Metamorphosen – Rhizome – Sprossabschnitte

Darunter befinden sich beispielsweise Wurzelmetamorphosen der Rübenarten; andere haben die nicht grünen, verdickten Niederblätter der Zwiebeln. Verdickte Sprossausläufer werden zu Rhizomknollen wie bei der Kartoffel. Diese umgewandelten Wurzeln besitzen genauso wie Früchte eine plastische Form, interessante Konturen verbunden mit einer attraktiven Oberfläche. Diese harmonieren gut mit Oberflächen von Früchten, Laub und Blüten. Aber auch allein beschränkt auf Textur und Volumen sind sie interessant genug für ein floristisches Werkstück.

Es gibt noch weitere Umwandlungen, die beachtenswert sind. Gestauchte Stängel mit dicken gefalteten Blättern zeigt der Weiß- oder Rotkohl (*Brassica oleraceae* var. *capitata*). Beblätterte Sprossabschnitte hat der Kohlrabi und der Blumenkohl zeigt einen fleischig gezüchteten Blütenstand. Manche dieser Gemüse sind sehr malerisch und passen in Ernteszenen voller Üppigkeit.

Wachstumsprozesse

Spannend und besonders lebendig ist es, wenn Wachstumsprozesse in eine Arbeit einbezogen werden, wenn aus der Knolle plötzlich Sprosse hervorkommen, die Zwiebel grüne Spitzen entwickelt oder der Rotkohl zu blühen anfängt. Einige Entwicklungen geschehen gewissermaßen von selbst, wenn man nur lange genug wartet wie bei der Zwiebel. Den Rettich oder den Kohl müsste man hingegen schon mit seinen Wurzeln in einen Topf setzen.

Zwiebeln

Blumenzwiebeln sind im Grunde genauso umgewandelte Sprosse; sie werden natürlich um ihrer Blüten willen und nicht wegen der Zwiebel geschätzt. Kartoffeln sind ebenfalls ein Inbegriff des Herbstes. Kartoffelernte und -feuer lassen eine Stimmung für Farben und Düfte aufkommen. Sehen sie nicht malerisch aus im Korb mit noch etwas Erde behaftet?

Zwiebeln sind schön in Form und Farbe: weiß, gelb, violett, glänzend poliert, rau mit papierseidenen Schalen. Schön, wenn noch etwas vom ursprünglichen Stiel vorhanden ist. Zwiebeln werden, je nach Thema, auch ausgetrieben verwendet und es dauert lange, bis sie sich erschöpft haben. Die Zwiebelverwandten, Knoblauch, Schalotten und Luftzwiebeln, lassen sich ebenfalls verwenden. Speziell beim formschönen Knoblauch sollte darauf geachtet werden, dass die Knolle nicht verletzt wird. Nicht jeder mag den sich danach verbreitenden Duft. Abgeschwächt gilt das auch für die Zwiebel.

Neben den heimischen Feldfrüchten sind gelegentlich noch weitere illustre Wurzeln, Knollen oder andere Bestandteile von Pflanzen zu finden.

Die Wurzelknollen der Süßkartoffel (*Ipomoea batatas*) sind länglich, rosa-violett. Die Rhizome der Lotoswurzel haben eine gelb-braune Färbung und sind innen vielfächerig. Die Knollen der Süßkartoffel können genauso ansprechend sein wie die der Sato-imo oder Taro (*Colocasia esculenta*). *Colocasia* sind ornamental walzenförmig und sehr lange haltbar. Die Blütenköpfe der Artischocken wirken ebenfalls wie Früchte. Lustige kleine Knöllchen kommen von der Nagaimo (*Dioscorea batatas*).

Ein Strauß aus Ähren, Heu, Zwiebeln, Mahonienfrucht, Knoblauch und Brodiaea ist möglich vom Herbst bis zum Frühjahr.

Liste der Fruchtstände

Liste der Fruchtstände

Fruchtschmuck von ein- und zweijährigen Stauden

Acanthus hungaricus Akanthus	Ornamentaler zweiähriger zylindrischer Fruchtstand mit einzelnen Kapselfrüchten, Spätsommer, rustikaler Charakter. Für Gartenstücke, mediterrane Impressionen.
Actaea spicata Christophskraut	Traubenartiger Fruchtstand mit schwarzen Beeren. Für sommer- und spätsommerliche Werkstücke. Schön mit Schattenpflanzen wie Heckenkirschen, Waldgräsern, Staudenastern, Anemonen.
Actaea pachypoda Christophskraut	Traubenartiger Fruchtstand mit weißen Beeren an roten Stielen.
Allium aflatunense = *Allium christophii* Sternkugellauch	Fruchtstände kugelig, locker oder dicht mit kleinen Einzelfrüchten besetzt. Laucharten sind sehr zierend, für grafische Arbeiten und mit allerlei sommerlichen Stauden. Einzeln oder zu wenigen wirkungsvoll.
Angelica archangelica Echte Engelwurz	verzweigter Fruchtstand in aufrecht-stehenden Dolden. Zur Fruchtzeit grünlich-braun-rosa. Passen zu Himbeer- und Brombeerzweigen sowie Waldrandpflanzen.
Aquilegia caerulea Akelei	aufrechtstehende mehrsamige, 2 bis 3 cm lange Früchtchen. Sie wirken filigran, wenn sie noch grün geerntet werden. Hübsch für sommerliche Sträuße, denen sie etwas Gartenhaftes zufügen.

Fruchtstände von *Allium aflatunense*

Spätherbstlicher Strauß mit Fruchtständen, Früchten und Laub: Liguster, Ilex, Hagebutten, Malven, Kitaibelia, Brombeerranken, Zeder, Artemisia-Arten und Epimedium. Der Strauß steht in einer Federschale.

Arum italicum Italienischer Aronstab	leuchtend rote Fruchtkolben im Herbst. Die heimische A. ist weniger stattlich. Für landschaftliche, grafische sowie formale Arbeiten geeignet. Zu spätsommerlichen Gartenblumen und Waldartigem.
Aruncus dioicus Geißbart	Fruchtstand schwingend, überhängend, zuerst grün, dann braun mit vielfrüchtigen Sträußchen. Für größere Sträuße und Zusammenstellungen, die ausschwingende Bewegungen brauchen. Passen zu vielen Stauden, Sommer- und Herbstblumen.
Asparagus officinalis Gemüse-Spargel	über 1 m hohe, stark verzweigte Stiele, dünne nadelförmige Blätter, rote Beeren. Zierlich, doch in der Gesamtwirkung voluminös. Für herbst- und spätherbstliche Werkstücke zu Miscanthus (Chinaschilf), luftigeren Herbstastern u.Ä.
Astilbe arendsii Hybr. Garten-Astilbe	fedrige braune Fruchtrispen. Für Sträuße, Gestecke, Kränze und zu vielen Herbstblumen passend.
Atropa belladonna Tollkirsche	große krautige verzweigte Pflanze mit glänzend schwarzen Beeren. Reizvoll für »Hexensträuße« und andere symbolische Darstellungen. Auf keinen Fall verwenden, wenn die Giftigkeit unbekannt ist oder wenn die verlockenden Früchte in die Hände von Kindern gelangen könnten. Sehr giftig!
Bryonia cretica Zaunrübe	bis 4 m lang rankend, kleine rote Beeren. Spätsommer. Interessanter Werkstoff für Kränze und für alles, bei dem lange zierliche, fruchtbesetzte Ranken gefragt sind.
Cardiospermum halicacabum Ballonwein, Herzsame	Ballonartige Früchte an langen Ranken, Spätsommer, gut zum Überranken von Unterformen u.Ä.

Cimicifuga ramosa September-Silberkerze	schlanke traubige Fruchtstände mit braunen aufspringenden Balgfrüchten. Cimicifuga-Arten eignen sich für filigrane, grafische Arbeiten mit anderen Fruchtständen und herbstlichen Blumen.
Cimicifuga dahurica August-Silberkerze	s. *Cimicifuga ramosa*
Clematis recta Aufrechte Waldrebe	endständige Trugdolden schmückender fedriger Fruchtstände. Die aufrechten Clematis sind bewegt und schwingend. Ab Sommer für großzügige Sträuße, Arrangements und Kränze.
Cobaea scandens Glockenrebe	schlingend, mit großen Kapseln an langen Stielen, sehr spät blühend, nicht immer zuverlässig fruchtend. Einzelstiele hübsch für kleine Sträuße mit Herbstenzian, kleinen Rosen, Ligusterbeeren u.Ä. Lange Ranken zum Überziehen von Strukturen.
Crambe cordifolia Meerkohl	Meterhohe luftige Doldenrispen mit kleinen kugeligen Früchtchen, Sommer. Imposant für Einzelstellung in einem großen Gefäß.
Datura inoxia Stechapfel	krautige Pflanzen mit vielsamigen vierteiligen Kapseln mit weichen bis spitzen Stacheln. Die grünen Einzelfrüchte eignen sich für formale Werkstücke. Ganze Fruchtstände für Gefäßfüllungen, Körbe u.Ä. mit Freilandchrysanthemen, Dahlien, Herbstlaub. Samen giftig. *Datura metel* und *D. inoxia* eher rund, *D. stramonium* oval und spitzstachelig
Datura metel Stechapfel	s. *Datura inoxia*
Datura stramonium Weißer Stechapfel	s. *Datura inoxia*
Digitalis purpurea Fingerhut	aufrechte vielsamige Fruchttrauben

Digitalis ferruginea Fingerhut	s. *Digitalis purpurea*
Duchesnea indicum Scheinerdbeere	kleine erdbeerartige Früchte an langen Ranken, im Sommer reifend, für Landschaftliches und Grafisches. Zierlicher rankender Werkstoff für kleine Sträuße und Kränze. Hübsch mit Husarenknöpfchen, kleinen Freilandrosen und Tagetes.
Echinacea purpurea	halbkugelige oder spitzkonische Fruchtstände; in noch nicht ausgereiftem Zustand braun purpurn, ab Sommer. Vielseitig verwendbar für alle sommerlichen Arbeiten.
Galium mollugo Wiesenlabkraut	zusammengesetzte, verzweigte schleierartige Fruchtstände, bräunlich grünlich, nicht nur blühend, sondern auch im Reifezustand schön für weiche, luftige Volumen. Ab Hochsommer mit kleinen Nelkenspezies u.Ä.
Helianthus annuus Sonnenblume	bekannte Sonnenblumen mit endständigen großen flachen Scheiben, für Kränze, Körbe, flächige Arbeiten, vielseitig einsetzbar zusammen mit Kräutern, Herbstblumen, Gemüsen und Obst
Helleborus niger Christrose	ansehnliche Balgfrüchte, die unausgereift grün bis rötlich-grün sind, für frühsommerliche Werkstücke mit Hesperis (Nachtviolen), Goldlack, Salomonsiegel u.a.
Helleborus argutifolius Korsische Nieswurz	stämmchenbildend, grüne Balgfrüchte. Verwendung s. *Helleborus niger*
Humulus lupulus Hopfen	Schlingpflanze mit hellgrünen zapfenähnlichen Früchten, Herbst. Für Kränze, zum Überspielen und Auflockern. Zusammen mit Fruchtzweigen und Bauerngartenblumen.

Korsische Nieswurz
(*Helleborus argutifolius*)

Inula magnifica Alant	Fruchtköpfe in Doldentrauben mit hellen braunen Scheibchen, ab Spätsommer. Für flächige und formale Arbeiten, zu Früchten, Blättern, kleinen Dahlien, Zinnien usw.
Iris foetidissima Überriechende Schwertlilie	kugelförmige leuchtend orangerote Früchte in aufspringenden grünen bis bräunlichen Kapseln, mit wenigen Zweigen und Gräsern zu spätem Enzian, Clematisfruchtständen u.Ä.
Lagenaria siceraria Flaschenfrucht	hochwindende einjährige Pflanze mit vielgestaltigen kürbisartigen Fruchtformen, zu Erntestücken, aber auch zusammen mit exotischen Früchten.
Lathyrus sylvestris Wald-Platterbse	kleine grüne oder braune Hülsen an langen Ranken, zu Clematis-Fruchtständen, Strandflieder und anderen filigraneren Pflanzen, für Kränze, freie Arbeiten, Volumenformen.
Lunaria annua Mondviole	Fruchtschötchen mit pergamentartigen silbrigen Mittelwänden, Fruchtstände für Gefäßfüllungen (sehr lange haltbar). Die einzelnen Scheibchen für Flächenarbeiten, Schichtungen, Fädelungen, Kränze u.v.m. Ab Sommer.
Lychnis chalcedonica Lichtnelke, Brennende Liebe	Samenstand in hellbraunen Trugdolden, kurz geschnitten für kleine Sträuße und ähnliche Arbeiten. Ab Spätsommer.
Lysimachia clethroides Felberich	An der Spitze umgebogene Ähren. Durch die Bewegtheit und gemäßigte Dominanz der Fruchtstände ist der Felberich ideal für Spätsommer- und Herbstflor.
Malva alcea Malve	verzweigte Stängel mit grün-grauen Teilfrüchten, Sommer bis Herbst. Werkstoff für garten- und wildnishafte Kombinationen. Ordnet sich vielem unter.

Überriechende Iris
(*Iris foetidissima*)

Myrrhis odorata Süßdolde	Umbelliferae mit feinen gefiederten Blättern und in der Reife schwarzen Früchten, Frühsommer, für großzügige und üppige Werkstücke, zu vielen Stauden und Einjährigen.
Nicandra physalodes Giftbeere	hohe verzweigte Einjährige mit fünfteiligem Fruchtkelch und kugeliger Beere, Sommer bis Herbst. Grün oder ausgereift in hellem Braun vielseitig verwendbar als Einzelfrucht sowie als gesamter Fruchtstand. Zu Zieräpfeln, Clematis, Salvien-Arten, Gräsern, Fuchsschwanz.
Nigella damascena Jungfer im Grünen	verwachsene mehrsamige Balgkapsel. Für Sträuße, Kränze u.a. Ab Sommer schön in Grün-Braun-Weinrosa zu Scabiosen, Astrantien, kleinen Pompondahlien, Rosen.
Paeonia suffruticosa Strauch-Pfingstrose	mehrsamige Balgfrüchte mit großen schwarzen Samen, Einzelfrüchte für flächige Werkstücke, kleine Sträuße u.a.
Phaseolus vulgaris Bohne	Windend mit linealischen oder sichelförmigen Hülsen. Einzelne Bohnen und Ranken für Erntedankarbeiten, aber auch Formales wie Pyramiden, ferner Sträuße oder freie Arbeiten. Hülsen in Grün, Grün-Pink, Blau oder trocken bräunlich.
Papaver somniferum Mohn	ovale oder kugelige Kapseln, Mohnkapseln ab Frühsommer. Für formale Arbeiten, sommerliche Gefäßfüllungen, Gebinde. Mit anderen Früchten und Sommerblumen. Schon trocken für Flächiges, Adventliches.
Passiflora caerulea Passionsblume	kleine ovale orange-gelbe Beeren. Die langen fruchtbesetzten Ranken für Kränze, zum Überspielen von Unterformen. Sie passen zu Mediterranem, Freilandblumen, Rosen u.v.a. Ab Spätsommer.

Physalis alkekengi Lampionblume	hellgrüne (noch nicht ausgereift) bis leuchtend orangerote Beerenfrüchte in ballonartigen Kelchhüllen, frisch oder trocken vielseitig verwendbar in Sträußen, Arrangements, freien Formen, Kränzen, Erntedank- und Adventsarbeiten. Mit Spätsommer- und Herbstblumen wie Rudbeckien, Montbretien, Dahlien; auch alleine wirkungsvoll.
Phytolacca americana Kermesbeere	Stauden mit schwarz-violetten Fruchttrauben an ästigen, teils roten Stielen, Sommer und Herbst. Insbesondere zu farblichen Motiven zusammen mit Herbstanemonen, Zwetschgenfruchtzweigen, Asternarten, Rosen, Herbstzeitlosen u.Ä.
Rhinanthus angustifolius Klappertopf	hellgrüne kleine Kapseln, Frühsommer. Für kleinere Gebinde, mit vielen Stauden und Einjahresblumen kombinierbar.
Rudbeckia fulgida Sonnenhut	endständige schön schwarze Fruchtköpfchen. Für Sträuße, Kränze u.Ä. Zu Pflanzen und Blumen in Gelb, Zitron, Orange-Grün oder in Dunkelrot, Pink, Violett, Blau.
Rumex acetosa Sauerampfer	rötlich braune Fruchtstände, Sommer. Strammer Wuchs, schöne Farben in Rosa, Grün, Hell- und Dunkelbraun. Für rustikale Zusammenstellungen.
Salvia pratensis Wiesensalbei	grünliche, später braune Scheinähren. Ab Frühsommer geben die bewegten Fruchtstände Werkstücken einen Touch Ländlichkeit.
Sedum spectabile Fetthenne	flache gewölbte braun-rötliche Trugdolden, Herbst bis Winter. Für füllige Arbeiten und Flächiges. Zu späten Gartenblumen wie Herbstastern u.Ä.

Solanum dulcamara Bittersüßer Nachtschatten	strauchig klimmende Trugdolden mit roten Beeren, Spätsommer. Für landschaftlich sowie frei interpretierte Werkstücke, bei denen es auf die Bewegungsstruktur ankommt. Zu Wildrosenfruchtzweigen, Herbstzeitlosen, Heckenkirschen.
Solanum capsicastrum Nachtschatten	kleiner Halbstrauch mit orangeroten Beeren (Topfpflanze). Für kleinere Sträuße, Kränzchen, Girlanden und Ketten, alleine oder mit vielen anderen Fruchtständen. Ab Spätherbst.
Thalictrum flavum ssp. *glaucum* Gelbe Wiesenraute	lockere Fruchtrispen, Sommer. Luftiges Gespinst in Sträußen und Steckarbeiten. Zu Glockenblumen, Scabiosen, Rosen, Lilien u.v.a.
Tulipa gesneriana Gartentulpe	dreifächerige Kapsel mit flachen Samen, Frühsommer. Zu allerlei Frühsommer-Samenständen wie Küchenschellen, Christrosen, Lenzrosen. Hübsch auch zu Tränenden Herzen und Nachtviolen.
Telekia speciosa Telekie	verzweigte kräftige Fruchtstände mit goldbraunen endständigen flachen Köpfchen, Sommer. Für Flächenarbeiten und kompakte kleine Gebinde. Passt zu Rot-Orange-Gelbtönen.
Verbascum bombyciferum Königskerze	zwei- und mehrjährige und traubige hohe Fruchtstände, grünbräunlich filzig. Dominante Form für größere Zusammenstellungen. Geht gut mit Lauch und Zwiebelfruchtständen, grau- und weißfilzigen Blättern.

Acer pseudoplatanus Ahorn	Fruchtstände dicht mit Propellerfrüchten besetzt, eignet sich für Kränze, kleine Sträuße, Girlanden, Ketten. Frisch ab Sommer, getrocknet den ganzen Winter über.
Aesculus hippocastanum Kastanie	stachelige Kapsel mit großen glänzenden Kastanien, zum Einfüllen, für Ketten, Tischschmuck, Kränze u.Ä.
Alnus glutinosa Erle	holzige Fruchtzapfen, grün bis dunkelbraun, für herbstlich-winterliche Floristik in kompakten Sträußen, Kränzchen, geometrischen Formen. Zusammen mit anderen kleinen Früchten wie Bucheckern, Hagebutten u.Ä.
Callicarpa bodiniera var. *giraldii* Schönfrucht	kleine violette Beere in Büscheln der diesjährigen Triebe, September bis November. Für Herbststräuße und Gefäßfüllungen. Eine seltene Fruchtfarbe, die harmonisch ist mit weißen oder rosafarbenen Anemonen, gelbem Laub sowie sanftrosafarbenen Herbstastern
Carpinus betulus Hainbuche	im unreifen Zustand kleine grüne Nussfrüchte an dreilappigen Blattorganen. Kleinere oder größere Zweige ab Spätsommer mit Waldrandblumen wie *Eupatorium*, Greiskraut, Goldrute, buntem Herbstlaub, Schlehen u.a.
Castanea sativa Esskastanie	Nuss mit lederartiger glatter Wand, von stacheligem Fruchtbecher umgeben. Zum Auslegen und Auffädeln mit anderen spätherbstlichen Früchten und mediterranen Pflanzenteilen wie Granatäpfeln, Smilax u.a.
Catalpa bignonioides Trompetenbaum	schmale lange röhrenförmige Kapseln, für Reihungen und Geschichtetes; Zweige für größere Zusammenstellungen mit Silberfahnengras, Sumpfdost, Herbstastern.

Baumwürger
(*Celastrus orbiculatus*)

Celastrus orbiculatus Baumwürger	Schlinggehölz mit gelblichen rundlichen Fruchtklappen, die dreifächerig aufspringen mit leuchtend orangeroten Samen, Oktober bis Winter. Für Kränze, Gebinde, freie Formen. Schön zu gelbem Herbstlaub, den letzten Rosen, Quitten, grünen Früchten, Rudbeckien, Herbstblumen.
Chaenomeles japonica Scheinquitte	apfelähnliche gelbe, orange gepunktete aromatische Früchte, einzelne Früchte für adventliche Werkstücke, kleine Sträuße und Kränzchen. Am Zweig für alle herbstlichen Arbeiten, allerdings haften die Früchte, reif geworden, nicht lange. Schön zu Felsenmispel-Arten und späten Herbstblumen.
Colutea arborescens Blasenstrauch	blasige grünlich-rötliche Hülsen in Trauben angeordnet, frisch etwas perlmuttartig schimmernd, trocken verlieren sie nicht an Form, die Textur wird häutig-ledrig. Größere Gräser, Herbstlaub, rustikale Stauden.
Cornus alba sibirica Hartriegel	kleine weiße durchscheinende Steinfrüchte. Ab Spätsommer sehen dicht besetzte, fruchttragende Zweige mit den glasigen weißen „Beeren" und dem rötlichen Holz interessant aus. Für pastellfarbene Spätsommer- und Herbstblumen wie Rosen, Dahlien, Anemonen u.a.
Corylus avellana Haselnuss	Die nicht ausgereiften Früchte bleiben mit den Kelchblättern zusammen am Zweig haften. Schön für adventliche Arbeiten, die Nüsse alleine für Kränze, Ketten usw.
Cotinus coggygria Perückenstrauch	endständige langbehaarte Fruchtrispen. Die schaumigen Fruchtstände sind schön für sommerliche Gebinde mit Fuchsschwanz, Freilandrosen, Schneeball, Rudbeckien u.v.a.

Cotoneaster multiflorus Vielblütige Zwergmispel	viele kleine rote Früchte in Doppeltrauben oder Rispen, ab Spätsommer für viele Werkstücke geeignet: Sträuße, Gebinde, Gefäßfüllungen, Kränze. Mit Herbstlaub, anderen Fruchtständen, stärkeren Gräsern, Lilien, Herbstastern, Sonnenblumen usw.
Cotoneaster salicifolius Weidenblättrige Zwergmispel	s. *Cotoneaster multiflorus*
Cotoneaster divaricatum Sparrige Zwergmispel	s. *Cotoneaster multiflorus*
Cotoneaster integerrimus Gewöhnliche Zwergmispel	s. *Cotoneaster multiflorus*
Crataegus monogyna Eingriffeliger Weißdorn	apfelartige kleine rote Früchte. Ziemlich dorniges Gehölz, jedoch guter, recht haltbarer Werkstoff für Strukturen, freie Formen und vieles andere. Vom Herbst bis in den Winter hinein mit anderen Fruchtständen und jahreszeitlichen Blumen.
Crataegus laevigata Zweigriffeliger Weißdorn	s. *Crataegus monogyna*
Decaisnea fargesii Decaisnea	fleischige weiche blaue Balgfrüchte. Die Einzelfrüchte für kleine Arbeiten, z.B. mit Herbstenzian, Staudennelken und Fruchtständen. Zweige passen zu gelblichem Herbstlaub, Silberfahnengras und Herbstanemonen.
Euonymus europaeus Pfaffenhütchen	3 –bis 5 fächerige dunkel himbeerrosafarbene Kapseln mit orangefarbenen Früchten, für viele herbstliche Zusammenstellungen, insbesondere wenn starke Farbigkeit gewünscht wird.
Fagus sylvatica Buche	Fruchtbecher mit dreikantigen Früchten (Bucheckern). Noch nicht ausgereifte Früchte bleiben am Zweig haften, für spätsommerliche bis winterliche stillere Zusammenstellungen.

Decaisnea (*Decaisnea fargesii*)

Gaultheria mucronatha Torfmyrte	kleiner Strauch mit schmuckvollen fleischigen Früchten in Rot, Weiß und Rosa, Spätsommer bis Herbst. Für kleinere üppige Arbeiten. Schön sind die porzellanartigen Fruchtstände zu Herbstenzianen, Heidekraut (*Calluna*), den letzten Rosen, Gräsern und anderen Fruchtständen.
Gleditsia triacanthos Lederhülsenbaum	flache große dunkelbraune Hülsen für kleine grafische Werkstücke, Geschichtetes und Formales. Vom Spätherbst bis Winter.
Hedera helix Efeu	schwarzfrüchtige halbkugelige Dolden, für Herbst- und Wintersträuße, Kränze und Gestecke. Passt zu vielem. Schön auch zu Christrosen und pastellfarbenen Rosen.
Hippophae rhamnoides Sanddorn	dornige Zweige mit beerenartigen orange-farbenen Früchten, die harte Samen enthal-ten. Die sparrigen Zweige schränken die Ver-wendung etwas ein. Gut für größere Gefäß-füllungen, zu Chrysanthemen, Herbstlaub und Gräsern.
Ilex aquifolium Stechpalme	in den Achsen der glänzend dunkelgrünen Blätter sitzen rote beerenartige Steinfrüchte. Traditionell in der Advents- und Weihnachts-floristik mit Koniferen und Zapfen.
Juglans regia Walnuss	grüne fleischige Außenschicht mit gefurchter hellbrauner Innenschale, Zweige mit den noch grünen Fruchtständen. Die Nüsse selbst für dichtere, formale Arbeiten, insbesondere zur Weihnachtsfloristik.
Ligustrum vulgare Liguster	endständige rispige Fruchtstände mit schwarzen Beeren. Üppige Fruchtzweige für Gefäßfüllungen und Sträuße. Kleinere Stiele in Sträußen und Kränzchen. Schön zusammen mit rot- und grünfrüchtigen Gehölzen sowie späten Herbstblumen.

Mahonia aquifolium Mahonie	blau bereifte Beeren an endständigen Rispen. Die Früchte passen gut zu allem Graulaubigen wie Artemisia-Arten, zu Pastelltönen, zu Kermesbeere, Fuchsschwanz u.a.
Malus floribunda Zierapfel	kleine gelbe, rote, orangefarbene, grüne und bunte Apfelfrüchte, nahezu unverzichtbar von September bis zum Winter. Als Fruchtzweige oder einzelne Äpfelchen.
Malus sieboldii Zierapfel	viele Formen und Spezies, s. *Malus floribunda*
Platanus × hispanica Platane	kugelige, an langen Stielchen herabhängende Früchte. Die Einzelfrüchte für alle kleinen kompakten Arbeiten zusammen mit Herbstflor, anderen Früchten und Koniferen.
Prunus spinosa Schlehe	blaue Steinfrüchte an dornigen Zweigen, ab Frühherbst schöner Werkstoff für landschaftliche Impressionen, z.B. mit Herbstzeitlosen; für Strukturen und größere Arbeiten.
Pyracantha angustifolia Feuerdorn	dornige Sträucher mit leuchtenden gelben und orangefarbenen Früchten an Rispen, sehr dornig, doch attraktiv für rustikale Werkstücke.
Quercus petraea Eiche	becherförmige Hülle mit rundlichen Nussfrüchten. Für kleine Formen, passt gut zu anderen kleinen Früchten wie Erlen, Zapfen, Bucheckern.
Rhus glabra Sumach	Aufrechtstehende, etwas samtartige Fruchtstände. Sie passen zu formalen Arbeiten, zusammen mit kräftigen Sommer- und Herbstblumen wie Pompondahlien, Astern, Hopfen u.Ä.

Mahonie (*Mahonia aquifolium*)

Robinia pseudoacacia Robinie	flache Fruchthülsen, die zweiklappig aufspringen, ab Spätsommer. Starke Fruchtzweige für größere Arbeiten. Zusammen mit robusten Stauden wie Disteln und Königskerzen.
Rosa canina Hundsrose	rundliche bis krugförmige Scheinfrüchte (Hagebutten). Einzelne Früchte für alle kleinen Arbeiten und geometrische Formen geeignet, ganze Zweige oder Ranken für großzügige Gefäßfüllungen und Raumstücke. Hagebutten passen zu vielem, insbesondere sind sie schön zu gelben und grünlich-gelblichen Tönen. Viele Wildformen und Sorten mit verschiedenartigst geformten Hagebutten.
Rosa multiflora Vielblütige Rose	stark verzweigt, kleinfrüchtig. Verwendung s. *Rosa canina*.
Sambucus nigra Holunder	Doldentrauben mit beerenartigen schwarzen Steinfrüchten. Schöner Werkstoff für Landschaftliches, bewegte sowie dichte Arbeiten. Vollreif fallen einzelne »Beeren« ab und färben stark.
Sambucus racemosa Holunder	Rispen mit roten Früchten. S. *Sambucus nigra*.
Sorbus aucuparia Vogelbeere	Doldenrispen mit apfelartigen Scheinfrüchten in Rot und Orange, Sommer. Passt zu Sonnenhut, Rudbeckien und anderen gelben Floralien oder zu blauen Astern und allen etwas kräftigeren Sommerblumen.
Staphylea pinnata Pimpernuss	häutige, aufgeblasene Kapsel, ab Sommer. Mit anderen Fruchtzweigen wie Zierapfel, Perückenstrauch, Zwergmispel.
Staphylea elegans Pimpernuss	s. *Staphylea pinnata*.

Symphoricarpos albus Schneebeere	weiße und rosafarbene Steinfrüchte, Herbst. Für zierliche Arbeiten und porzellan- oder damastartige Blumen wie z. B. pastellfarbene Rosen und Dahlien. Die rosafrüchtigen Sorten sind recht haltbar und für herbstliche und adventliche Floristik geeignet.
Symphoricarpos Hybr. Korallenbeere	rosafarbene Steinfrüchte. Verwendung s. *Symphoricarpos albus*.
Viburnum opulus Schneeball	scharlachrote Früchte in flachen Trugdolden, ab Herbst. Alleine für sich oder mit vielen anderen Werkstoffen.

Schneeball (*Viburnum opulus*)

Fruchtschmuck von Koniferen

Cedrus atlantica Atlaszeder	eiförmige, große, harte Zapfen, die bei der Reife am Baum zerfallen.
Cupressus sempervirens Echte Zypresse	kleine kugelige Zapfen, die unreif grün, reif braun ornamental wirken.
Juniperus oxycedrus Stechender Wacholder	orange-braune runde Beerenzapfen mit sehr spitz-stacheligen Nadeln.
Larix decidua Europäische Lärche	schöne Zapfen, die wie kleine Holzrosetten aussehen.
Picea abies Fichte	längliche, am Zweig nach unten hängende Zapfen.
Pinus halepensis Aleppo-Kiefer	längliche, kegelförmige ca. 10 cm große, rötlich-braune Zapfen, die lange am Baum bleiben.
Pinus pinaster Strand-Kiefer	breit kegelförmige Zapfen, ungleich im Umriss, 10 cm bis 18 cm lang, bleiben mehrere Jahre geschlossen am Baum.
Pinus mugo Krummholz-Kiefer	kleine regelmäßige Zapfen, dunkel zimtbraun.

Fruchtschale mit Zierapfel, Weißdorn, Glanzmispel (*Photinia*), Schwarzwurzel, Rote Beete, Pinienzapfen, Granatapfel, Zwiebeln, Birnenquitte, Lavendel, Rosmarin, Raute und Salvie. Verhalten und doch farbig, üppig, aber nicht überbordend ist sie ein angenehmer Anblick an feucht-kalten Novembertagen.

Die **Liste** der **Fruchtstände**

Pinus pinea Stein-Kiefer	eiförmige bis kugelige Zapfen, in geschlossenem Zustand 1 cm bis 2 cm große Samen enthaltend (Pinienkerne).
Pinus nigra Schwarz-Kiefer	5 cm bis 8 cm große symmetrische Zapfen, im 3. Jahr sich öffnend und abfallend.
Pinus strobus Weymouth-Kiefer	hängende Zapfen, schmal, zylinderförmig, gerade bis gebogen, 10 cm bis 15 cm lang, haften lange.
Pinus sylvestris Föhre	Zapfen ei- bis kegelförmig, 3 cm bis 7 cm lang, grau-braune Farbe.
Taxus baccata Eibe	weicher roter Samenmantel mit harten Samen.

Früchte von nicht winterharten Gehölzen und Stauden

Arbutus unedo Erdbeerbaum	erdbeerartige gelbe bis rote Früchte, immergrünes ledriges Laub, ab Sommer. Für Zusammenstellungen mit anderen mediterranen Fruchtständen und Kräutern wie Rosmarin und Cistrosenlaub.
Akebia trifoliata Akebie	große weiche violette ovale Beeren, für herbstliche Stillleben.
Citrus sinensis Orange	orangefarbene, aromatische Beeren, ätherische Öle in der Schale, für adventlich-weihnachtlich dekorative Arbeiten.
Citrus limon Zitrone	zitronenfarben, siehe *Citrus sinensis*, wie Orangen; fruchttragende Zweige ab Herbst mit mediterranen Werkstoffen.
Diospyros kaki Kakipflaume	große fleischige beerenartige Früchte in leuchtendem Orange, für Schalen, Stillleben mit Früchten u.Ä.

Idesia polycarpa Orangenkirsche	erbsenartige orangefarbene Früchte an hängenden Trauben, ab späterem Herbst. Sehr lange haltbar, für Kränze, Girlanden, Festons, Gebinde, zu vielen winterlichen Werkstoffen.
Melia azedarach Melia	beerenartige Früchte an Rispen; zuerst grün, dann ockerfarben. Für kleine Sträuße und Kränze. Passt zu anderen kleinfrüchtigen Werkstoffen.
Opuntia ficus-indica Feigenkaktus	feigenartige saftige gelb-orangefarbene mit Stacheln besetzte Früchte. Sie sind eigentlich nur zum Auslegen geeignet sowie für stimmungsvolle mediterrane Kombinationen.
Pistacia lentiscus Mastixstrauch	kleine rote, später schwarze aromatische Früchte. Sehr haltbarer Werkstoff für das Winterhalbjahr. Eignet sich für viele Arbeiten und passt zu vielen anderen Pflanzenteilen.
Punica granatum Granatapfel	große gelbrote apfelähnliche ledrige Frucht mit dicker Kelchblattkrone, ab Herbst. Einzelfrüchte sehr lange haltbar für dekorative Werkstücke. Fruchtzeige sind schön für Naturhaftes, z. B. mit stechendem Wacholder, zu Idesia und vielem anderen.
Schinus molle Pfefferbaum	rosafarbene Beeren in hängenden Rispen, für Gebinde, Sträuße, adventliche Arbeiten. Zusammen mit Herbst- und Winterblumen, Koniferen u.Ä.
Smilax aspera Raue Stechwinde	kleine rote Beeren an rankenden, mit Haken bewehrten Sprossen, sehr stechend, aber hübsch für Arbeiten, bei denen gewunden wird.

Feigenkaktus (*Opuntia ficus-indica*)

Pfefferbaum (*Schinus molle*)

Avena sativa:	Hafer
Avena fatua:	Flughafer
Capsicum anuum:	Paprika, rundlich bis spitz, rote, gelbe, schwärzliche ovale Beeren.
Capsicum frutescens:	scharfer Pfeffer
Curcubita pepo:	Panzerbeeren, viele Zierkürbisformen
Hordeum vulgare:	Gerste
Lycopersicon esculentum:	Tomate, zierend in den kleinfrüchtigen Sorten.
Malus domestica:	Apfel, unerlässlich für herbstliche und winterliche Arbeiten.
Mespilus germanicus:	Mispel, apfelartige kleine Steinfrüchte, traditionell, braun-grün.
Oryza sativa:	Reis, schwingende Rispen, es gibt auch eine schwarzfrüchtige Form.
Panicum miliceum:	Hirse, dekorativ
Phaseolus vulgaris:	Gartenbohnen, viele verschiedene Sorten mit teilweise schön farbigen, auch bunt gesprenkelten Hülsen und Samen. Dekorative Sorten: ‚Purple', ‚Teepee', ‚Blauhilde' sind blau; ‚Goldmarie' ist goldgelb und Feuerbohnenkerne sind violett-schwarz.
Phaseolus coccineus:	Feuerbohne
Pisum sativum	Erbse. Die grünen unreifen Hülsen sind schön für frühsommerliche Arbeiten geeignet, reife Erbsenschoten mit oder ohne Samen passen gut zu herbstlichen Arrangements.
Prunus amygdalus:	Mandel, essbare Samen in harter Schale mit ledrigem Mesokarp.
Prunus armeniaca:	Aprikose, gelblich-rötliche Steinfrüchte mit samtiger Behaarung.
Prunus avium:	Vogelkirsche, Süßkirsche; Kulturformen mit hellroten bis schwarzen Steinfrüchten.

Paprika (*Capsicum anuum*) und Weißdorn (*Crataegus monogyna*)

Prunus domestica:	Pflaume, Zwetschge: viele Kulturformen, blau-violette, Früchte; Reineclauden: gelbe bis grüne Früchte.
Prunus persica:	Pfirsich, noch nicht ganz ausgereift, mit Farbe auf der samtenen Oberfläche ist er hübsch an belaubten Zweigen.
Pyrus communis:	Birne, nahezu 1000 Kultursorten; sehr malerisch sind die großen, alten Birnbäume mit kleinen rundlichen Mostbirnen.
Rubus fruticosus:	glänzend schwarze Brombeeren
Ribes rubrum:	bekannte leuchtend rote Johannisbeeren
Secale cereale:	Roggen
Solanum melongena:	Aubergine, große dicke oval-längliche Beere.
Triticum aestivum:	Weizen, ansehnlich im grünen und reifen Zustand.
Zea mays:	bekanntes Getreidegras mit bunten Zierformen.

Eierfrucht (*Solanum melongena*)

Handwerk und Technik

Handwerk und Technik

Mit diesen Grundtechniken werden floristische Arrangements mit Früchten erstellt: Einfüllen, Aufstellen, Andrahten, Aufreihen, Binden, Stecken, Winden, Zusammenfügen und Konstruieren, Kleben, Aufhängen.

Die Technik allein ist kein Selbstzweck. Die Realisierung eines Einfalls wird neben dem Gesamtentwurf und der Frage des Werkstoffes an den Möglichkeiten des Handwerklichen gemessen. Technik kann aber auch selbst aufgrund ihrer Zwangsläufigkeit gestalterische Impulse geben. Normalerweise haben floristische Techniken wenig »Technisches« an sich. Handwerkliche Vorgehensweisen zeigen gelegentlich eine Stringenz, die elegant und gleichzeitig schlüssig sind. Grundlegende fachspezifische Technik reicht von einfachen bis zu relativ komplexen Prozessen. Die Pflege des Werkstoffes und der sachgerechte Umgang mit demselben sind weitere Faktoren. Dem schließt sich die Kenntnis über die Reaktion und die Haltbarkeit an.

Das Einfüllen

Das Einfüllen von Früchten bietet sich als einfacher Vorgang an: Schalen, Töpfe und Gläser werden mit gesammelten Früchten gefüllt. Durch die Vervielfältigung einer Fruchtart wird diese explizit dargestellt. Bei fleischigen Früchten muss man allerdings abwägen, ob diese, falls sie dicht aufeinander geschichtet sind, nicht rasch zu faulen beginnen. So hübsch Himbeeren, Johannisbeeren oder Heidelbeeren in dekorativen Gläsern oder Schalen aussehen, sie können nur für kurze Zeit einen sommerlichen Tisch schmücken. Vieles andere hingegen kann ein Stillleben von langer Haltbarkeit ergeben. Granatäpfel halten das ganze Jahr hindurch, wenn man ihr Trockenwerden akzeptiert. Nüsse, Schoten, Kapseln verschiedenster Herkunft ergänzen sich in der malerischen Wirkung. Kürbisse sind weniger zum Einfüllen denn zum Auslegen und Aufstellen geeignet. Wählt man einen günstigen Platz (gleichmäßige Temperatur) und verletzt sie nicht durch Stoßen und Fallen, kann man den ganzen Winter über Freude an ihnen haben. Dabei können sie auch völlig eintrocknen.

Manche Früchte sind so beherrschend, dass man sie einfach nur hinlegt. Wer eine Seychellennuss in den Händen hält, wird sich schwer damit tun sie zu »verarbeiten«.

Das Andrahten

Mittels Andrahten werden kurze Stängelchen verlängert oder mehrere Stiele zu Büscheln zusammengefasst, die dann in einer größeren Einheit aufgehen. Stängellose Früchte werden durch Andrahten für Sträuße, Kränze und andere Arbeiten verwendbar. Je nach Anwendung wird so angedrahtet, dass das eine Drahtende lang, das andere ganz kurz bleibt oder es wird an eine Gabel mit zwei gleich langen, relativ kurzen Enden gedrahtet. Wenn es das Werkstück erlaubt, kann man Draht vermeiden und weichere Früchte auf Zahnstocher und andere Holzstäbchen aufspießen, sie faulen dann nicht so leicht. Allerdings lassen sich diese Holzstielchen nicht besonders gut in einen Kranz oder eine Girlande einarbeiten, weil sie beim Binden leicht einknicken. Man müsste sie dann doch andrahten oder sie nachträglich stecken.

Manche Früchte muss man zuerst anbohren um einen Draht oder ein Stäbchen ein- oder durchzuschieben. Für geschlossene harte Zapfen wie Zedern oder *Pinus* trifft das zu, aber auch manche Nuss lässt sich dadurch leichter befestigen. Etwas Kraft und die richtige Drahtstärke (0,14/0,16) ist für größere Zapfen wie z.B. *Pinus maritima* und Ähnliche nötig.

Das Aufreihen

Einzelfrüchte werden auf einen entsprechend starken Draht perlenartig aufgezogen. Je nach Fruchttyp und gewünschter Wirkung eignen sich auch Schnur, Nylonfaden, Zwirn und andere Materialien. Manche Früchte muss man vorbohren, wie z.B. Haselnüsse oder Eicheln, andere wie Ebereschen und Hagebutten lassen sich am besten mit einer dicken Nadel auffädeln.

Gewundener Kranz aus verschiedenen Zweigen. Die schwer lastenden Kakifrüchte wurden zum Schluss eingefügt. Die Buchenblätter wurden teils mit eingewunden, teils mit Holzleim an den Ästchen befestigt.

Das Binden

Binden ist eine grundlegende Art Stiele zusammenzufassen. Sträuße, Bündel, Buschen erhalten und bleiben in Form durch die Art wie die Stiele aneinandergefügt und zusammengehalten werden. Mit einigen wenigen Stielen wird der Srauß in der Regel mittig begonnen. Die eine Hand hält, die andere fügt alle weiteren Stiele zu. Die Drehrichtung weist oberhalb der Bindestelle nach links außen und unterhalb der Bindestelle nach rechts außen. Im Abschnitt des Straußstiels können die Stängel aber auch ziemlich gerade und nur mit leichter Spreizung verlaufen – das hängt von der Wuchsbewegung der Werkstoffe und von der Anzahl ab. Das Anlegen der Stiele geschieht immer in derselben Richtung: linksseitig und segmentartig. Deshalb wird der entstehende Strauß in Abständen etwas gedreht. Wenn alles angeordnet ist, wird gebunden und zwar an der schmalsten Stelle des sich nach oben und unten entfaltenden Stielbündels.

Bei kleinen kompakten Sträußchen ist es auch möglich die Stiele parallel anzulegen und zu binden. Hier mag es hübsch aussehen, wenn der Naturbast oder die dünne Schnur über die Länge des Straußstiels geführt wird.

Buschen, Büschelchen und Bündel können eine legere Bindung erhalten. Je nach Charakter und Form des Werkstückes besteht sie aus Bast, Bind- oder Wollfaden, Schnur, Ranken und Gras.

Das Stecken

Falls Fruchtstände nicht zu schwer sind, lassen sie sich gut in Steckmasse befestigen. Bei glatten, runden, holzigen Stielen, die gewichtig sind, empfiehlt es sich anzudrahten und zwar so, dass ein kleiner parallel neben dem unteren Stängelabschnitt laufender Drahtfuß verhindert, dass sich der Stiel in der Steckmasse hin- und herdrehen kann. Reife weiche Früchte faulen relativ rasch in Steckmasse; hier wäre zu überlegen, ob man sie mit Feuchtigkeit in Verbindung bringen sollte.

Viele Fruchtstände, die sich im Reifestadium befinden, sind nicht mehr so sehr auf Wasserversorgung angewiesen; ihnen genügt oft nur geringe Feuchtigkeit. Sie können, wenn sie holzig, durch Nägel und Schrauben miteinander verbunden oder an stärkeren Aststücken befestigt sind, in ziemlich flache Schalen mit niederem Wasserstand gestellt werden.

Speziell die Fruchtzweige des frühen Sommers brauchen aber eine ausreichende Wasserversorgung: Erdbeerstängelchen, Zweige von Johannisbeeren, rotem Holunder, *Asclepias* u.a. Wie sie befestigt werden, hängt vom Stil des Werkstückes und der Logik des Vorgehens ab. Durchbrochenen luftigen Arbeiten tut es gut, wenn die Stiele nicht in einer festen Steckmassebasis optisch gefasst werden. Zweigkonstruktionen, verzinkte Drähte, Kunststoffabschnitte und eine Reihe anderer Mittel können Halt und Festigkeit bieten. Der Charakter, die Form des Gefäßes und die Art des Werkstückes begründen die Wahl.

Das Winden

Neben dem Binden ist das Winden eine ganz alte, jedoch neu entdeckte Technik. Sie erfreut sich seit Jahren einer Renaissance und eignet sich für Kränze, Raum- und Tischschmuck. Voraussetzung ist ein Werkstoff, der weich und biegsam ist. Von Ackerwinden über Brombeerranken bis zu elastischen Zweigen und Ästen eignet sich vieles. Ideal ist es gänzlich ohne Hilfsmittel auszukommen. Voraussetzung dafür ist, dass ein Teil des Werkstoffes ziemlich lang ist, um z.B. beim Kranz Anfang und Ende ineinander zu schlingen. Nach und nach werden weitere Zweige und andere Werkstoffe von oben nach unten und von den Seiten durchgeschoben. Die Form erhält im fortlaufenden Arbeitsprozess immer mehr Stabilität. Kurzstieliges wird an Draht, Bindfaden und Rebdraht dazwischen befestigt. Stehen lange weiche Stiele zur Verfügung, ergibt sich das Winden beinahe von alleine. Je nach Beschaffenheit der Ranken braucht man eventuell Ruten, die zur Stabilität des Ganzen dazwischengeschoben werden können.

Auch mit nicht optimalem Material kann ein Kranz gewunden werden. Starre Zweige werden an verschiedenen Stellen mit Draht verzwirnt, so dass eine solide Grundform entsteht. Weitere Werkstoffe werden durch das Bestehende geschoben, an- und miteinander befestigt.

Das Zusammenfügen und Konstruieren

Zweige und Äste werden mit Draht, Schrauben und Nägeln untereinander verbunden. Hieraus ergeben sich freistehende Strukturen, die mit oder ohne Gefäß gedacht werden können. Die Möglichkeiten sind, unter Berücksichtigung der Wasserversorgung, vielfältig. Je nach Art der Zweige und dem Charakter der Befestigung entwickeln sich die unterschiedlichsten Formen. Der Schwerpunkt kann verlagert werden: nach oben, zu den Seiten; es entstehen asymmetrische sowie streng symmetrische Gebilde. Es gilt das reale, statische sowie das optische Gewicht zu berücksichtigen

Ferner können allerlei Stiele mattenähnlich, luftig oder dicht aneinander geflochten werden. Strukturen sind aus dünnen Eisenstangen und Blechen zu schweißen, die sich als Unter- sowie als Endform eignen. Dünner Messing- und Kupferdraht wird für filigrane Arbeiten gelötet.

Das Kleben

Flächen und Körper sind durch Kleben auf entsprechende Unterlagen relativ rasch zu fertigen. Harte, trockene, genügend dicke Früchte, holzige nicht zu kleine Fruchtschalen lassen sich am schnellsten mit Heißkleber befestigen. Hierbei gibt es keine sichtbaren Klebestellen. Für empfindlichere, auch kleinere Objekte eignet sich Holzleim. Am günstigsten ist es, die Untergrundfläche leicht mit dem Klebstoff zu bestreichen, etwas antrocknen zu lassen und das Gut aufzubringen. Größere Pflanzenteile werden zuvor ebenfalls mit Leim betupft. Sprühkleber kommt für leichte trockene Früchte in Frage. Für große Arbeiten ist, auch aus Preisgründen, Holzleim vorzuziehen.

Das Aufhängen

Das Aufhängen ist weniger eine eigene Technik denn ein Vorgang des Ordnens. Wenn diese alte Tradition zum Trocknen von Materialien herangezogen wird, kann die Kombination mit Aufreihen, Bündeln und Büscheln ganz reizvoll sein.

Luftige dünne Girlanden um Leuchterformen und filigrane Objekte, Früchte, Garbenbüschelchen, Beerenringe und vieles andere werden einzeln oder in Formationen mit den verschiedensten Mitteln an Werkstücken oder frei herabhängend befestigt.

Konstruktionen

Neben dem Procedere des Machens sind es die Materialien selbst, die weitere Aspekte beisteuern. Unterformen aus Drahtkonstruktionen mit Papier, Stoffen, Blättern und anderem überzogen ergeben einen interessanten Kontrast oder eine Annäherung von Volumen und Inhalt, Struktur und Hülle. Neben leichten Materialien kann auf solche Konstruktionen Gips aufgetragen werden. Der Vorteil dabei ist, dass weiter geformt und verändert werden kann. Anschließend geschliffen und bemalt entstehen individuelle Arbeiten. Dabei ist auf einen genügend festen Unterbau zu achten.

Ton eignet sich genauso gut als Konstruktions- und Ausdrucksmittel. Er braucht ebenfalls einen Unterbau, der jedoch sehr organisch sein kann, nicht muss. Zweige, Gras, Nadeln, Blätter lassen sich mit ihm mischen und nachträglich bemalen. Die Verwendung von Ton nähert sich in der Vorstellung altem Fachwerk- und Lehmhausbau. Sie ist reizvoll, von einem völlig anderen Gesichtspunkt ausgehend.

Der Anhang

Register

Verwendete Literatur

ärtels, Andreas: Gartengehölze. Ulmer Verlag, Stuttgart 1991.

ehn, Victor: Kulturpflanzen und Haustiere. Verlag von Gebrüder Borntraeger, Berlin 1911.

annhardt, Wilhelm: Wald- und Feldkulte. Verlag von Gebrüder Borntraeger, Berlin 1904.

itte u. a.: Strasburger – Lehrbuch der Botanik. Spektrum, Akademischer Verlag, Heidelberg 2002.

alter u. a.: Zander – Handwörterbuch der Pflanzennamen. Ulmer Verlag, Stuttgart 2002.

Zitate/Quellen

Seite 6: »Auf dem gastlichen Tische« von Friedrich Rückert.
Aus: Deutsches Wörterbuch von Jacob und Wilhelm Grimm. Hirzel-Verlag, Leipzig, 1878, Seite 273.

Bildquellen

Ingo Wandmacher, Hamburg: Seite 25, 26 unten, 27 (beide Fotos)
Alle anderen Fotos von Ursula Wegener

Impressum

Die Deutsche Bibliothek – CIP-Einheitsaufnahme
Ein Titeldatensatz für diese Publikation ist bei Der Deutschen Bibliothek erhältlich.

ISBN: 3-8001-3925-1

© 2002 Verlag Eugen Ulmer GmbH & Co.
Wollgrasweg 41, 70599 Stuttgart (Hohenheim)
E-Mail: info@ulmer.de
Internet: www.ulmer.de
Printed in Germany
Lektorat: Anke Ruf
Herstellung und DTP: Gabriele Wieczorek
Druck und Bindung: aprinta, Wemding
Umschlagfoto: Ursula Wegener